T0282229

RYŪNOSUKE KOIKE

FELICES SIN UN FERRARI

Vivir con poco es bueno para el alma

Duomo ediciones

Barcelona, 2016

Título original: *BINBO NYUMON* por Ryūnosuke Koike

© 2009, Ryūnosuke Koike
Edición original en japonés publicada por Discover 21, Inc., (Tokio, Japón)
Publicado con el acuerdo con Discover 21, Inc.
© 2016, de la traducción: Montse Triviño González
© 2016, de esta edición: por Antonio Vallardi Editore S.u.r.l., Milán

Todos los derechos reservados

Primera edición: enero de 2016

Duomo ediciones es un sello de Antonio Vallardi Editore S.u.r.l.
Av. del Príncep d'Astúries, 20, 3º B. Barcelona, 08012 (España)
www.duomoediciones.com

Gruppo Editoriale Mauri Spagnol S.p.A.
www.maurispagnol.it

ISBN: 978-84-16261-49-9
Código IBIC: DN
DL B 24813-2015

Composición:
Grafime

Impresión:
Grafica Veneta S.p.A. di Trebaseleghe (PD)

Impreso en Italia

Índice

Introducción
Mi rica vida de pobre
Primera parte

Para empezar, quisiera presentaros la vida «de pobre» que he elegido. Para ser fiel a esa elección, evito en lo posible utilizar dinero –lo tenga o no–, e intento poseer pocas cosas, con el objetivo de poder vivir libre de preocupaciones económicas.

Empecemos por mi casa.

Hasta hace poco tiempo, el lugar en el que vivía y que también utilizaba como «templo» (*Tsukuyomiji*) era una vivienda construida en la parte posterior del taller de un cristalero, situado junto a la estación de trenes en un barrio residencial cercano a Gotokuji, en Setagaya, Tokio.

Constaba de dos habitaciones de madera bastante viejas, levantadas a mediados de los años cincuenta: una de cuatro tatamis y medio y otra, de tres, que era la que utilizaba habitualmente para dormir. Cuando estaba buscando casa, me conmovió la atmósfera típicamente *shōwa* de aquel lugar, con los antiguos motivos de madera y de bambú que decoraban las ventanas, y decidí instalarme allí de inmediato.

Ateniéndome a mis principios, no quería gastar nada para arreglar la casa y tampoco tenía intención alguna de depender del dinero: no había bañera y, si bien disponía de retrete, era de un estilo japonés que no se ajustaría a los gustos actuales de la mayoría. La casa estaba orientada al oeste, lo cual significaba que solo veía el sol por la tarde, antes del ocaso. La parte positiva era la existencia de un jardín contiguo, de casi seis tatamis, donde coloqué un bidón metálico que llenaba de agua con una manguera. Hacía las veces de bañera y en verano me bañaba en él. Pagaba un alquiler no demasiado elevado. Pasemos ahora a mis efectos personales.

Lo que más a menudo sorprende a mis invitados es que la casa está vacía, porque poseo muy pocas cosas. Si tuviera que hacer una lista de las principales, incluiría una mesita baja que cumple el doble cometido de mesa para comer y de escritorio; unos pocos libros sagrados; los artículos necesarios para escribir y un reloj de pared. También cuento con un hornillo de gas para cocinar, una vajilla, unas cuantas ollas y un recipiente para *nukazuke* que utilizo desde hace casi cinco años para conservar el *nukadoko* que utilizo en la preparación de las verduras.

Por lo que respecta a prendas de vestir, mi indumentaria monástica consiste en la túnica propiamente dicha y la prenda que se lleva debajo. Tengo dos de cada.

Es muy raro que yo me vista con ropa occidental, pero en las situaciones en las que –por hache o por be– lo considero oportuno, puedo recurrir a un traje que todavía conservo de mi época de estudiante.

Por lo que respecta a electrodomésticos, intento limitarlos al máximo: cuento únicamente con un horno pequeño que utilizo para cocer pan y galletas, y un frigorífico para conservar los alimentos. He intentado vivir sin frigorífico durante seis meses y debo admitir que me ha resultado tremendamente difícil. Aparte de eso, tengo unas cuantas lámparas y un ordenador. Para actualizar mi página web, no puedo prescindir del ordenador, pero siempre pienso que me gustaría deshacerme del móvil...

aunque de momento no lo he hecho. (Mientras procedía a la segunda revisión de este libro, he aprovechado la ocasión sin pensármelo dos veces y he dado de baja el contrato telefónico.)

Si no me falla la memoria, esas son mis únicas posesiones que consumen energía eléctrica. Por tanto, mi factura mensual está muy cerca del mínimo del canon fijo que se paga en Japón.

El resto de mis efectos personales se reduce a la bicicleta que uso para mis desplazamientos y... ah, sí, una vieja estufa de petróleo. En verano, el calor no me da muchos problemas, pero dado que soy de complexión delgada, en invierno paso frío. Por eso, durante esa estación debo añadir a mis gastos el coste del queroseno.

Profundizaré en estas cuestiones a lo largo de los próximos capítulos, pero ya puedo adelantar que puesto que la premisa de cada una de mis posesiones es que las utilizaré largo y tendido y con el máximo cuidado, intento comprar objetos que resulten estéticamente agradables y estén fabricados con materiales de primera calidad. Aunque sean algo más caros, no me importa y los compro igualmente. Este es un detalle importante para evitar comportarnos como si fuésemos pobres.

Con los elementos que acabo de enumerar, la lista de las cosas que poseo está prácticamente terminada. Pasemos ahora a la forma en que utilizo mi dinero.

Aparte de la factura de la luz y del gasto del queroseno durante el invierno, el importe mensual del gas se sitúa en algo más del 2,5 % de lo que gasto al mes, dado que para mis dos comidas diarias preparo el arroz en una cazuela de terracota. Luego tengo el gasto de agua corriente, pero no supera los mil yenes mensuales, lo que sería un 1% de lo que gasto. No tengo bañera ni lavadora, de modo que mi consumo de agua se limita a la que necesito para cocinar.

Dado que no ingiero alimentos ricos en grasa, no sudo mucho, de modo que las vestiduras talares que siempre llevo se ensucian muy poco. Me basta con lavarlas cada tres o cuatro días. En verano, cuando me baño en el bidón metálico del jardín, las froto a conciencia en la tabla de lavar. En invierno, cuando voy al *sentō*, las lavo en una lavandería automática. El gasto más importante, claro, es el de la comida. De forma un poco egoísta, me doy el lujo de hacer la compra en una tienda de productos naturales: lo que gasto en arroz, verduras, especias y condimentos ecológicos se sitúa en una cuarta parte de lo que gasto mensualmente. Los productos ecológicos cuestan de media casi un veinte por ciento más que los convencionales y, en algunos casos, el precio casi se duplica, pero dado que no como ni carne ni pescado, con esa suma me alimento de una forma más que satisfactoria.

Aparte de todo lo que ya he enumerado, mis gastos se limitan al transporte, al ocio y a la vida social. Con ese propósito y desde que me he distanciado de las formas actuales de «entretenimiento educativo», mis «salidas» no van más allá de un paseo por el parque o de una visita a alguna cafetería. Si estoy trabajando en algún manuscrito, por ejemplo, o me encuentro con algún amigo, me concedo el lujo de ir a una cafetería o al parque, o tal vez a algún *sentō* un poco más alejado. En una ocasión me alojé en el *onsen* de Izunagaoka y me gustó mucho, pero desde entonces no he vuelto.

Si calculo la media mensual, el dinero que invierto en mi tiempo libre es un poco más del 5 % de mis gastos. Dado que ya no compro libros ni CD, mis gastos se reducen a esa cantidad.

Me entristece no comprar libros, sobre todo porque yo mismo escribo, pero aparte del hecho de que en mi época de estudiante leí hasta el cansancio, durante la meditación me he acostumbrado a un tipo de «lectura» que consiste en descifrar toda una serie de datos que fluyen del pasado escrito en la propia mente. Dicho de otra manera, conservo en la mente una enorme cantidad de libros y, «leyéndolos», puedo descifrar la configuración de la mente de los demás e incluso mi propio pasado. En esta etapa de mi vida estoy completamente imbuido en esa clase de lectura.

Resumiendo, que mis gastos actuales se sitúan en torno a los cincuenta mil yenes al mes. Aun añadiendo el alquiler que pagaba en mi vivienda anterior, no llegaría a los cien mil yenes.

● ● ●

Si tuviera que enumerar mis ingresos, debería incluir mis encuentros de meditación *zazen*, que he bautizado como *zazen sessions*. La contribución que dejan los participantes en la caja de las ofrendas es más alta de lo que cabría imaginar y alcanza los ciento cincuenta mil yenes al mes. Además de esa suma, la retribución por los cursos y las conferencias que doy en el ámbito de algunas escuelas asciende a varios cientos de miles de yenes, de modo que una vez descontados los gastos, me queda una bonita suma.

Durante algún tiempo, no le presté demasiada atención a esa «bonita suma», pero cuando finalmente lo hice, me di cuenta de que si le añadía los derechos de autor de mis libros, había ahorrado suficiente dinero para hacer realidad mi sueño: abrir un centro de meditación *zazen*. Así pues, he comprado un pequeño gimnasio. Tratándose de un edificio que servía de almacén para una empresa constructora, el precio era mucho más interesante de lo que se pueda imaginar. Comparado con el apartamento en el que vivía antes, puede acoger a muchas más personas, por lo que ya no tengo que pagar el alquiler todos los meses. Ahora ya no me preocupa el futuro, porque sé que con cincuenta mil yenes al mes dispongo de medios suficientes para llevar una vida acomodada. Con esos cincuenta mil yenes puedo comprar todo lo que deseo sin tener que estar comparando precios. Aunque, claro está, yo no deseo casi nada.

La economía japonesa está atravesando un periodo de crecientes dificultades y son muchas las personas que, al margen de su situación económica actual, se sienten profundamente angustiadas ante la posibilidad de quedarse sin dinero y morir solas.

Por lo que he oído, son cada vez más los jóvenes quienes piensan de ese modo: si creen que no conseguirán casarse y que no habrá nadie que pueda cuidarlos durante la vejez, empiezan a pensar ya en el dinero que tendrán que ahorrar para pasar diez años solos en una residencia de ancianos.

Yo, en cambio, pienso que si Japón se arruinara, encontraría sin duda un campo que abonar. Incluso con el agua al cuello, solo con ahorrar un poco se puede vivir tranquilamente, aunque sea con menos dinero.

Y gracias a esa serenidad espiritual, la mente se libera del dinero. Con dinero o sin dinero, seréis igualmente ricos. Con dinero o sin dinero, seréis igualmente felices. Y, en ambos casos, podréis seguir viviendo del modo que mejor se ajuste a vuestras posibilidades. Si se alcanza una disposición de ánimo así, se desarrollan también una calma y una tranquilidad que no conocen los bajones emocionales.

Alguien podría decirme que si escribo todas estas cosas es porque soy monje. Voy a ser muy sincero: durante el poco tiempo libre que les queda a los monjes de mi generación después del trabajo, se ponen la misma ropa y llevan la misma vida que sus coetáneos. Si, además, se trata del prior de un templo, lo más probable es que lleve una vida bastante más acomodada que la del asalariado medio. Tampoco sería tan extraño que fuera el propietario de dos coches caros y que, teniendo gustos gastronómicos bastante más refinados que los de la gente de a pie, no se contente con cualquier cosa y se muestre en general muy exigente en esa cuestión.

Dicho de otra manera: si no está claro que un monje consiga llevar la vida que llevo yo, nada impide que lo consiga quien no es monje.

Eso no quiere decir que para ser felices tengamos que mudarnos a «otro lugar» envuelto en un aura de «pobreza material y riqueza espiritual», como Bután, el Tíbet o el sudeste asiático. Conseguir un estado de felicidad es igual de posible en Bután que en el pueblo donde vivimos. Porque... ¿dónde radica la diferencia entre conseguir o no la felicidad y la serenidad? ¿En no depender del entorno y de las personas que nos rodean, o en no depender del dinero? Con un poco de esfuerzo, cualquiera puede conseguirlo tranquilamente.

● ● ●

Tomemos el ejemplo de una persona que no tenga un empleo fijo, cuyas rentas no superen los ciento veinte o ciento treinta mil yenes. Por mucho que desee ciertas cosas, no puede permitírselas. La casa en la que vive no es la que hubiera deseado. ¿Acaso no es cierto que muchas personas sufren por motivos como ese? En realidad, su dolor no procede de la situación relacionada con la vivienda, ni de las cosas que poseen, sino del hecho de no poder invitar a otras personas a un hogar modesto y de no poder presumir de casa. En otras palabras, es un sufrimiento que surge de ideas como estas: «¿Qué pensará de mí la gente? ¿Qué impresión estaré dando?».

Es el sufrimiento del «¿Cómo me presento a mí mismo?», tan arraigado en nosotros. Vivimos atormentados por una correlación según la cual vivir en una casa modesta hace que nuestro valor como personas se derrumbe.

¿Habéis pensado alguna vez en lo que pasaría si consiguiéramos liberarnos de esas ideas?

Intentad desprenderos de las cosas. Aunque vuestros ingresos os permitan un cierto desahogo, probad a no utilizar el dinero, a vivir emancipados del dinero.

¿Os estáis preguntando si algo así puede resultar agradable? Yo creo que para entenderlo, deberíais experimentar por lo menos una vez los beneficios del «no tener».

La verdad es que estamos cansados de vivir sintiéndonos obligados a usar el dinero.

El autocontrol es lo único que puede imponerse a una mente que se deja engatusar para usar el dinero. En un mundo dominado por el dinero, ¿no es quizá un éxito librarse por los pelos de llevar una existencia sometida al dinero? He escrito este libro con la intención de transmitiros precisamente esa clase de euforia. Probadlo una vez y en el momento en que digáis «¡Es cierto! ¡Puedo vivir con cincuenta mil yenes!» o «¡Puedo vivir tranquilamente con setenta mil yenes!», lo habréis conseguido.

De todos modos, en el Japón de hoy en día todo el mundo consigue ahorrar una pequeña suma, por lo que si conseguimos quitarnos de la cabeza ideas como «No tengo la menor intención de rebajarme a hacer un trabajo así», descubriremos que la posibilidad de vivir dignamente está al alcance de todos.

Si uno dispone de una pequeña suma y reduce la cantidad de cosas que desea, conseguirá satisfacer todos sus deseos. Exactamente igual que yo.

La lista de deseos de las personas normales y corrientes comprende los elementos A, B, C, D, E, F y así hasta llegar a la Z. Ese es, precisamente, el motivo de que las personas tengan siempre la sensación de que les falta algo. Se ven, por tanto, obligadas a contentarse comprando las cosas más baratas que encuentran –e igual, en el momento en que deben comprar una cosa, no pueden permitírsela–, o bien a pasarse el día entero sometidos a preocupaciones pecuniarias de todo tipo. Y esta clase de presiones son las que provocan sufrimiento. La sensación de tener que escatimar en todo inflige heridas tangibles en el ánimo.

Si, en cambio, reducimos la cantidad de cosas que queremos, el afán se redimensiona y, por tanto, se reduce la lista de deseos. Y después de haberlos satisfecho todos, aún sobrará una cantidad de dinero que podréis ahorrar. Yo también compro una cosa si la quiero y creo que la necesito, pero mis «quiero» son pocos, por lo que me arreglo con unas pocas decenas de miles de yenes.

El quid de la cuestión es conseguir no pensar en el dinero. Existe una sensación de felicidad que solo se experimenta si se consigue no pensar.

Podríais objetar que lo ideal es alcanzar la riqueza, lo cual os permitiría comprar cualquier objeto sin reparar en el precio; en realidad, quienes más se arriesgan a pensar continuamente en el dinero y a volverse «dinerodependientes» son, precisamente, los ricos. A menos, claro, que ejerzan control sobre su mente.

Pero teniendo dinero o, mejor dicho, precisamente porque se tiene dinero, el razonamiento es el siguiente: «Ah, si me lo gasto tendré menos», o bien «No quiero tener menos», o bien «A lo mejor me estoy recuperando». De ese modo, la mezquindad de nuestro ánimo nos aleja de la felicidad.

● ● ●

No pensar en el dinero es una de las mayores alegrías que podemos tener. Y, como demostraré, se puede conseguir mediante el control de los deseos. Y ese no es solo el verdadero tema de este libro, sino también el más entrañable para mí. Desde que llevo esta vida la recomiendo también a los demás, pero hasta hace diez años, cuando aún era estudiante, yo también llevaba una existencia común en el seno de una sociedad capitalista o, dicho de otra manera, vivía una vida gobernada por el deseo.

En particular, me gustaba la ropa. Vestir a la moda era como proteger con una armadura mi frágil «yo» y ratificar que yo era alguien especial, distinto a los demás. Gracias a la beca de la que me beneficiaba y que no tenía que devolver, y las clases particulares que me ocupaban media jornada, mis ingresos eran más que dignos para ser estudiante. Pero casi todo lo que ganaba se transformaba en la gran cantidad de ropa que llenaba mi armario.

Cuanta más ropa compraba, más creía necesitarla, por lo que seguía comprando. Es más, cuando iba de compras siempre me mostraba indeciso: «¿Mejor este o aquel?». Incluso después de haberme comprado un traje, me asaltaba la duda de si habría sido mejor comprar otro y no aquel. En mi corazón reinaba la confusión. Estaba exhausto. Y sin embargo, me engañaba diciéndome que la agitación derivada de aquel cansancio me haría sentir bien, por lo que empezaba de nuevo a comprar hasta el agotamiento.

Si lo pienso ahora, en mi interior existía muy probablemente un dolor mucho más profundo, que no me permitía actuar de otra forma.

Soy hijo del prior de un templo de la prefectura de Yamaguchi. Por ese motivo, y habiendo concluido ya el noviciado, podría haber entrado en el templo nada más terminar los estudios universitarios. Desde el principio, sin embargo, me consideraba incompatible con las enseñanzas budistas de aquella escuela. Por suerte, mi padre me dijo que no estaba obligado a sustituirlo en el templo, por lo que en la universidad me especialicé en filosofía occidental. Terminados los estudios, decidí de todas formas elegir el camino del budismo.

En otros tiempos, ser prior de un templo comprendía, además de las atribuciones propias del cargo, el papel de consejero para las familias que frecuentaban el templo y para los habitantes de la zona. También mi padre solía repartir consejos o reprimendas entre quienes vivían en el barrio. Si bien no era exactamente mi intención seguir sus pasos, después de licenciarme en la universidad emprendí –a mi modo– el mismo camino que él: en un rincón de una zona residencial de Tokio abrí un café que bauticé como Lede Café y me dediqué a escuchar los problemas de los jóvenes.

Si bien habían perdido casi por completo la fe en el budismo tradicional, los muchachos de mi misma edad –recién salidos de la universidad– depositaban en mí su fe y me confiaban sus problemas simplemente porque vestía hábito de monje. Sin duda, la vestidura talar había surtido un efecto desproporcionado, pero yo me tomaba las cosas a la ligera y pensaba que, por desproporcionado que fuese ese efecto, no dejaba de ser algo positivo si así conseguía ayudar a las personas con problemas, ¿no? A decir verdad, era como si quisiera tranquilizar mi ánimo alterado escuchando las desgracias de los demás. Al ayudar a otras personas, saboreaba la sensación de estar haciendo algo bueno, algo maravilloso. Me sentía frágil y vulnerable como el cristal y solo así me parecía tener algún valor.

En aquella época llevaba la vestidura talar solo cuando recitaba los *sutras* y ni siquiera me había afeitado aún la cabeza. En lugar de cortarme el pelo, lo llevaba largo. Y puesto que tengo el pelo rizado, mi cabellera resultaba un tanto vistosa. En el Lede Café vestía elegantes trajes negros, pero al margen de ese detalle, tenía un aspecto muy llamativo.

Y precisamente por ese complicado estado de ánimo en el que me hallaba, los consejos que daba a los demás no siempre surtían el efecto deseado. Cuando eso sucede, y admito que aún sucede, para mí es una sorpresa. Tengo la sensación de no servir para nada. Si después de haberlo dado todo de mí mismo, me encuentro ante una persona que hace caso omiso a lo que le digo, me enfado. Y si me enfado, aún soy menos capaz de ayudar a mi interlocutor. Así que, en aquel periodo, mi alma vagaba a la deriva.

Fue entonces cuando me topé con el «budismo de los orígenes», el budismo tal y como era antes de dividirse en escuelas y sectas. Leí a fondo todos los textos sagrados y empecé el noviciado. Cuando se intensificaron mis prácticas ascéticas, cerré temporalmente el café y durante casi un año me dediqué solo a las prácticas de meditación. Y sentí que, gracias a la meditación, el corazón me estaba cambiando por completo.

Y al proceder de ese modo, a medida que empezaba a desenredarme de la situación en la que había estado inmerso hasta ese momento, descubrí que cada vez era menos esclavo de mis cosas.

● ● ●

Antes he escrito que deberíamos desear pocas cosas. Últimamente, he oído decir que cada vez son menos los jóvenes «glotones» y deseosos de aparentar, como yo en otros tiempos, mientras que son cada vez más los jóvenes a los que aquí, en Japón, se define como «herbívoros», es decir, los que no tienen deseos materiales y no ambicionan especialmente ni la fama ni las riquezas, los que en cierto modo son «anónimos», varones sobre todo. ¿Es posible que esas personas hayan alcanzado el nirvana, a pesar de no practicar el ascetismo? ¿Se han liberado del dinero, así como de las necesidades de poseer y consumir?

¿Han alcanzado ya la felicidad de no depender del dinero y de las cosas materiales?

Si hubiese disminuido en ellos el deseo, es decir, los actos que dicta la *Codicia*, que es uno de los *Tres venenos*, sería maravilloso. Sin embargo, me cuesta creer que sea así.

En realidad, también ellos desean dinero y toda clase de cosas materiales, pero dado que en una situación económica como la actual es casi imposible obtenerlas, a menos que se invierta una considerable dosis de energía y esfuerzo, se dicen: «Comportémonos de repente como si no deseáramos nada y, en vista de que así quedaremos muy bien, ¡finjamos que no nos importa nada!». En mi opinión, lo único que hacen es obligarse a ocultar sus propios deseos, reprimiéndolos. Si no fuese así, el sufrimiento hoy en día tan extendido no lo estaría tanto entre los jóvenes.

No existe diferencia alguna entre las personas que ocultan el deseo y, a pesar de desear algo, fingen no quererlo, y aquellas que no dejan jamás de desear y buscan ansiosamente la forma de ganar dinero. Tanto unas como otras viven dominadas y derrotadas por el deseo.

Y, por ese motivo, si lo que esperáis aprender de este libro es que no pasa nada por ser pobre, que ya estáis bien como estáis, me temo que leerlo no satisfará vuestras expectativas.

Este libro habla de poseer dinero, de poseer cosas, del uso del dinero y de cómo liberaros de la confusión mental que de ello se deriva. Si lo que buscáis es descubrir la verdadera finalidad del dinero o, mejor aún, una forma de usar el dinero que os haga felices (al fin y al cabo, ¿no esperamos del dinero que nos dé la felicidad?), entonces creo que este libro os vendrá que ni pintado.

primer capítulo

REDUCIR NUESTRAS POSESIONES

Tener muchas cosas
confunde el ánimo

En este libro, que se presenta como una «introducción a la pobreza», quisiera examinar en primer lugar el tema de la necesidad de reducir nuestras posesiones.

Lo ideal sería no tener posesiones ya de entrada, pero... ¿acaso no es cierto que casi todos tenemos muchas posesiones? Por eso, cuando hablo de «reducir nuestras posesiones», me refiero en primer lugar al hecho de que debéis separaros de las cosas que poseéis ahora. Dicho de otra manera, tirarlas.

En concreto, tenéis que tirar las que no utilizáis. Poseer demasiadas cosas significa pensar constantemente en ellas y eso va en detrimento de la memoria que destináis a vuestros recuerdos. Peor aun, es desperdiciar inútilmente un espacio de la memoria dedicándolo a cosas que poseéis pero que no utilizáis.

Cuanto más se emplea la memoria en cosas inútiles, más se ofusca el pensamiento, como si de repente lo ocultara la niebla.

Si echo un vistazo a mi pasado, veo que siempre me ha gustado «acumular», y no solo ropa.

Cuando era pequeño, estaba muy de moda un personaje llamado *Kinnikuman* y yo coleccionaba los muñecos de la serie. Luego me aficioné a los cromos de *Bikkuriman* y luego, al pasar de primaria a secundaria, cambié mis gustos impulsado por el deseo de tener más amigos.

Obviamente, con una premisa de ese tipo, era imposible encontrar el camino correcto, por lo que no tardé en fracasar.

A partir de una cierta edad, empecé a sentir el deseo de aumentar mis amistades femeninas y creo que fue entonces cuando surgió esa necesidad mía de acumular ropa. Era como si afianzara mi frágil ego gracias a la convicción de que poseyendo un tanto determinado, yo también valdría algo. Por suerte, dejé atrás esa «tendencia a acumular», pero si he de ser sincero, tengo que confesar algo: reuní toda la ropa que poseía en aquella época y la envié a casa de mis padres. Aún no la he tirado. De eso ya hace cinco años; en aquella época, no hubiera podido deshacerme de ella.

Ahora no lo hago porque no he tenido ni el tiempo ni la ocasión: debo admitir, sin embargo, que el hecho mismo de poseer esa ropa provoca una especie de ruido de fondo en mis pensamientos.

El simple hecho de que ya no esté en mi vivienda supone una gran diferencia, pero no por eso olvido que la tengo. Y me molesta.

¿Lo que poseo equivale a lo que soy?

Ahora detengámonos a reflexionar sobre el significado de la palabra «poseer». Todos somos conscientes de lo que poseemos. Esta ropa, este bolso, este ordenador, estas gafas, estos cuadernos, esta cámara de vídeo, este televisor, estos CD, estos libros, esta cantidad de dinero...

Puede que no siempre advirtamos esa conciencia, pero eso tampoco significa que nos olvidemos del todo. Y la prueba está en que si vemos una de esas cosas que poseemos, la reconocemos de inmediato como nuestra. Nos acordamos perfectamente.

Si, en cambio, lo que ocurre es que nos damos cuenta de que nos falta una de las cosas que recordamos tener, es una tragedia.

«¡Oh, no! ¡No está! ¿La habré perdido? ¿La habré olvidado en algún sitio? ¿Me la habrán robado?»

Sea como sea, nos dejamos llevar por la inquietud. Sospechamos de todo y de todos.

Y eso provoca una angustia en nuestro corazón que se va acumulando y nos hace infelices.

En cierta manera, es normal que quien se ve obligado a volver a comprar algo que ha perdido se aflija si pasa apuros económicos y no tiene el dinero suficiente para hacerlo. Pero también es habitual que la desaparición de ese algo no nos cree ningún problema y, sin embargo, hagamos de ello una tragedia. Por ejemplo, nos damos cuenta de que ha desaparecido una prenda que llevábamos quién sabe cuántos años sin ponernos. Por lo general, la desaparición de una o dos prendas no parece tan grave cuando se tiene mucho dinero, especialmente si se trata de ropa que llevamos años sin utilizar.

En realidad, esa es la suerte de quien tiene una gran disponibilidad económica: en ese sentido, es más fácil ser feliz cuando se es rico... siempre y cuando uno sea una persona sensata. Cuando se tiene mucho dinero, el futuro no debería preocuparnos, volver a comprar algo no debería ser un problema y el alma no debería estar al servicio del afán de posesión. Y, sin embargo, la realidad es completamente distinta. La desaparición de una sola de las cosas que se posee es una tragedia incluso para el hombre rico. El simple hecho de que haya desaparecido no debería convertirse en un problema existencial tan grave como para llevarnos a culpar a alguien o a atormentarnos. Aun así, ese asunto se convierte rápidamente en una cuestión gravísima en nuestra mente.

¿No os parece absurdo?

En principio, poseer una determinada cosa tendría que habernos hecho felices. Cuando la compramos, pensábamos que la queríamos, que tenerla nos daría la felicidad. Y, en cambio, si desaparece una prenda que ya ni siquiera nos poníamos, de repente nos sentimos tristes.

Dicho de otra manera, el acto de «poseer», que creíamos una fuente de alegría, se convierte en cambio en causa de infelicidad. Es totalmente absurdo.

¿Estropear las propias cosas equivale a hacerse daño a uno mismo?

¿Por qué el simple hecho de perder algo nos hace sentir así? Porque las cosas que poseemos están esculpidas en nuestra memoria, una a una, con la misma fuerza con que se podrían grabar en la roca y, sirviéndonos de esos recuerdos, damos forma a una imagen de nosotros mismos.

En otras palabras, construimos nuestra identidad dándole la forma de aquello que poseemos o tenemos intención de poseer, y nuestra existencia se basa en poseer esas cosas.

Solo así se explica el hecho de que cuando perdemos algo nos sintamos como si nos hubieran arrebatado una parte de nuestra identidad: si, por ejemplo, nos roban algo en concreto, vivimos ese robo como una auténtica invasión de nuestro territorio, y el dolor que de ello se deriva es tan profundo como lacerante.

Lo mismo ocurre cuando algo se rompe. Si algo a lo que estamos fuertemente apegados se rompe o se estropea, el impacto que sufrimos es similar al que hubiéramos sufrido en caso de resultar heridos o mutilados. Y eso nos causa un profundo dolor.

La gravedad del daño varía, lógicamente, en función de lo apegados que estemos al objeto en cuestión.

Por otro lado, no es necesario perder o romper algo para sentirnos perjudicados: solo el hecho de poseer algo ya supone un peso para nuestra mente.

A la superficie de nuestra mente afloran constantemente datos de todo tipo, que luego vuelven a sumergirse. Este proceso se repite continuamente: datos relacionados con el trabajo, nuestra relación con el otro sexo, la familia, el libro que tenemos delante de los ojos... Puesto que casi todos estos datos no tardan en ser sustituidos por otros en un segmento temporal cuya duración máxima es de una millonésima de segundo, sencillamente no reparamos en ellos, pero lo cierto es que, aunque sea un lapso de tiempo infinitesimal, la mente elabora una cantidad impensable de cosas.

Durante ese proceso, nuestros sentidos tienden a detenerse en las cosas hacia las que nos sentimos especialmente apegados, que lógicamente ejercen sobre nosotros una mayor influencia.

Por ejemplo, cuando estamos trabajando, la idea de poseer cierta cosa se mezcla de repente con la elaboración de datos que la mente está realizando en ese momento. Nuestra mente se distrae pensando en esa cosa durante una centésima de segundo, lo cual quiere decir que en cien segundos se ausentará durante un segundo, en mil segundos durante diez y en diez mil segundos durante cien.

Dado que nos sentimos apegados a muchas cosas, «recordar que poseemos» acaba por robarnos una cantidad significativa de nuestro tiempo.

Las personas que están totalmente obsesionadas con coleccionar cosas no dejan nunca de pensar en cómo aumentar esa colección; es más, hasta cuando trabajan se preguntan una y otra vez cuántas cosas podrán comprar si consiguen ahorrar una cantidad determinada de dinero. Sus pensamientos van siempre en esa dirección y, en lugar de pensar en esas cosas de pasada, durante una décima de segundo, lo más seguro es que acaben por dedicarles medio segundo o incluso un segundo entero. Así, de cada diez segundos desaparecen cinco; de un año, seis meses; de diez años, cinco años... Y de ese modo, echan por la borda un tiempo muy valioso, porque la vida puede acabarse de un momento a otro.

Esta dinámica es mucho más fácil de entender si ponemos el ejemplo de quien invierte en acciones y especula en el ámbito financiero. En la mayor parte de los casos, estas personas siempre tienen en mente los títulos de las acciones que han comprado y la diferencia entre las cotizaciones de ese momento y el momento en que las adquirieron. Y no se cansan nunca de esos datos. Tal vez consigan olvidarse un rato mientras ven una película, por ejemplo, pero si la historia tiene un argumento que permite establecer un nexo con las acciones, se acuerdan al instante, ya que en su mente esa idea está mezclada con las demás desde el principio. En casos extremos, estos individuos no consiguen pensar en nada más, ni siquiera cuando ven una película o cuando hablan con alguien: «¿A cuánto habrán llegado ahora?».

Cuando llega a ese nivel, dicha actitud resulta más que evidente. Lo que ocurre, sin embargo, es que por lo general las cosas que poseemos nos poseen a nosotros hasta tal punto que ni siquiera nos damos cuenta, y eso resta lucidez a nuestros pensamientos.

La infelicidad implícita en el acto de poseer

Para expresarlo en pocas palabras: el hecho de que en el momento en que pensáis «quiero hacer la cosa A» la mente, en cambio, se dirija al pensamiento «poseo B», significa que sin daros cuenta habéis llegado a un punto en que ya no sois capaces de vivir como queréis.

A medida que aumenta la cantidad de cosas que poseéis, aumenta también el ruido de fondo que azota en el interior de vuestros pensamientos, y puesto que utilizáis en vano vuestra memoria, tenéis la sensación de que la niebla oculta vuestros pensamientos. Creo que, de forma intuitiva, ya habéis comprendido que es difícil imaginar cómo se puede pensar con lucidez en una habitación desordenada y repleta de cosas.

Tener una habitación abarrotada de cosas molesta a cualquiera: ¿no basta con el sentido común para comprender que «poseer es una lata»?

¿Creéis que basta con meterlo todo en un armario o con aprender técnicas de aprovechamiento del espacio para tenerlo todo en orden? Obviamente, tenéis problemas para comprender que vuestras cosas son un peso del cual os estáis haciendo cargo. Debéis saber que, desde el punto de vista de lo que se debe introducir en la base de datos formada por los recuerdos de vuestra mente, no cambia nada.

Más bien tengo sospechas fundadas de que el éxito de los libros que hablan sobre el arte de «reducir», de «tirar», de «reordenar y reorganizar» es la enésima confirmación del sufrimiento implícito en la posesión.

Todos perciben el agotamiento del acto de poseer, cosas pero si se empeñan en reordenarlas y reorganizarlas, ¿es precisamente porque les cuesta mucho tirar sus propias cosas o renunciar a ellas de entrada?

¿Por qué, a pesar de todo, elegimos poseer?

Como he apuntado antes, tendemos a construirnos una imagen que exprese la clase de persona que somos sobre la base de lo que poseemos. Al poseer esto o aquello, nos parece satisfacer nuestro afán; nos parece que así es la vida.

Y de ese modo, fascinados por una existencia tal, acabamos por creernos que valemos algo; en otras palabras, poseemos lo que necesitamos para demostrarnos a nosotros mismos lo que somos y conseguir que nuestro valor se reconozca. Nos convencemos de que, sin ciertas cosas, somos unos fracasados, pero si nos proveemos de cosas y fingimos, es precisamente porque nuestro ánimo es débil frente a las críticas. Fingimos no ser unos fracasados.

La publicidad se vuelve en nuestra contra al representar situaciones en las que unos personajes fascinantes usan ciertos productos y se sienten felices. La historia que nos cuentan suena más o menos así: «Esto no lo tienes, ¿verdad? Como puedes ver, tú serías igual de feliz que ellos si lo tuvieras». La publicidad puede ser muy convincente.

En realidad, la fascinación que ejercen esos personajes deriva de lo contrario, pero ellos fingen ser fascinantes gracias al uso de esos artículos. Y al consumidor se le inculca la idea de que sin esos productos, no podrá ser nunca como esos personajes.

La pregunta «¿Estoy bien así?» surge de forma inconsciente en todos nosotros. Todos ocultamos una pequeña inseguridad que llamamos dolor. Y buscamos un simple «¡Así estás bien!» a modo de repuesta para sentirnos mejor.

Aceptarnos tal y como somos es extremadamente difícil. Crea muchos problemas. Y de ahí que intentemos servirnos de las cosas que poseemos.

Por «cosas que poseemos» no entiendo únicamente cosas materiales, sino también nuestras cualidades, nuestros títulos en los estudios, nuestro trabajo o algún encargo que nos hayan confiado. Hasta la red de personas a las que conocemos es algo que poseemos. Si entre dichas personas incluimos también a la persona con la que vivimos o con la que estamos casados, además de la familia y el dinero, nuestra columna del haber aumenta... y eso tranquiliza.

Así pues, cuanto más frágil sea un individuo, más necesidad tiene de poseer cosas.

Lástima que cuantas más cosas poseemos, más aumentan las preocupaciones. Paradójicamente, las cosas que hemos añadido para eliminar preocupaciones solo nos han aportado más preocupaciones.

Pensad, por ejemplo, en el hecho de tener un hijo: desde el día de su nacimiento, crecerá sano como todos los otros niños, irá al colegio, sacará buenas notas, hará deporte, entrará en una empresa, tendrá un buen trabajo, se casará y cuando él tenga un hijo, en su calidad de padre él también verá crecer la cantidad de cosas que posee, lo cual se convertirá para él en una forma de aumentar su autoestima. Si hemos tenido un hijo y ha ido todo bien, a la lista de cosas que poseemos se añaden también las que posee él, lo cual vuelve nuestro hatillo aún más pesado. La capacidad de memoria de nuestra mente, por otro lado, se verá cada vez más perjudicada por la confusión.

Este es el primer aspecto de nuestro «afán de posesión»: para poder aceptarnos, buscamos poseer objetos. El otro aspecto es la opinión de los demás.

Si poseemos muchas cosas, cada una de las personas que nos rodean nos juzgará en función de esas cosas. Desde el momento en que la autoestima no basta para sostenernos, también la forma en que nos ven los demás nos sirve de apoyo. Gracias a la autoestima y al juicio de los demás, encontramos nuestro sostén. Pero eso significa vivir peligrosamente, al día. Si no nos alaban constantemente, no podemos salir adelante. Si encontramos el más mínimo fallo, si recibimos una crítica por pequeña que sea, si nos tratan de un modo que hace que baje nuestra autoestima, si se nos reserva un trato menos digno de lo que esperábamos, entonces creemos que no se nos acepta como merecemos, que no se nos aprecia, que no se nos trata con consideración... y, en consecuencia, nuestro corazón de cristal se vuelve aún más vulnerable.

Por ese motivo, compramos aún más acciones, más helicópteros, una empresa... Con la energía de quien quiere comerse el mundo entero y un afán de posesión que no conoce límites. Insistimos en poseer aún más cosas y nuestra mente queda sumida en el caos.

El arte de tirar

Como he dicho hasta ahora, poseer tantas cosas supone un estrés muy grande... y a un nivel inconsciente, lo sabemos muy bien. Por eso, nos gustaría que al menos todas esas cosas estuviesen en orden. Y, sin embargo, la habitación y el armario están siempre hechos un desastre. Eso ocurre porque estamos convencidos de que la larga lista de cosas que poseemos nos sirve de sostén y, precisamente por eso, no conseguimos ni ordenar ni tirar nada. En realidad, más que sostenernos, esas cosas crean confusión, pero ese es un detalle que no tenemos en cuenta.

¿Por qué no conseguimos tirar las cosas?

Probad, por ejemplo, a echar un vistazo dentro de vuestra nevera. ¿No habéis acumulado alimentos resecos e incomibles, o las típicas muestras de salsa de soja y *wasabi* que dan de regalo cuando compráis *sushi*? Aunque no las uséis, seguro que os parece un crimen tirarlas. En algunos casos, hasta tendréis alimentos caducados.

Lo mismo ocurre si abrís el armario. Seguro que encontráis muchas prendas que en realidad no necesitáis o que no usáis muy a menudo. Ropa que hace ya mucho tiempo que no os ponéis, pero que creéis que tal vez volváis a usar algún día, o que tenéis intención de regalar a alguien. Y así sucesivamente: antiguas revistas o cintas de vídeo que ya no se pueden reproducir, los utensilios de caligrafía o los pinceles que usabais de pequeños...

Con motivo de un traslado, tal vez os hayáis propuesto tirarlos sin remordimientos, pero en el momento de proceder y después de haberos preguntado con cada objeto «¿Y qué hago con esto? A lo mejor me sirve algún día», acabáis llevándolo casi todo a la nueva casa. La excusa más recurrente para no tirar las cosas es que «tirar es un pecado».

En general, pensar que es «un pecado» es algo positivo, pues se puede considerar como un valor. No tiramos las cosas porque hacerlo parece un derroche y, por ese motivo, nos consideramos personas excepcionales que cuidan lo que tienen.

En realidad, tirar todas esas cosas nos haría sentir más ligeros, pero con la excusa de que «sería un pecado», seguimos acumulando objetos inútiles, que se transforman únicamente en ruido de fondo en nuestra mente. Y, de ese modo, lo único que hacemos es engañarnos a nosotros mismos.

Así, la cantidad de cosas aumenta de forma exponencial y la próxima vez que reparéis en algo que estabais decididos a tirar, el hecho de no haberlo conseguido os dejará una desagradable sensación. Y, aun así, no sois capaces de tirarlo. Por tanto, lo empujáis hacia el rincón más apartado del armario, donde no podáis verlo.

Pero vuestra mente no lo ha olvidado. Es más, en los oscuros páramos de vuestra alma, su recuerdo es aún más intenso y en el corazón sentiréis siempre una especie de picor que, en forma de vocecilla, os dice: «Oh, no, aún poseo esa cosa. ¿Qué hago? No consigo tirarla. No quiero saber nada, solo deseo olvidarla». La cosa en cuestión está profundamente grabada en vuestra memoria. Comparad ese violento dolor inconsciente con el dolor que podría derivarse de la sensación de haber cometido un derroche... y pensad en cuál de los dos os causa más daño.

El verdadero «derroche» no es tirar, sino comprar cosas inútiles

Detengámonos ahora a pensar qué se esconde tras el «derroche» para esas personas que, a pesar de todo, aún no han conseguido eludir esa «enfermedad».

Un ejemplo de «verdadero derroche» es cuando no estáis satisfechos con vuestro ordenador o vuestro móvil y os compráis otro solo porque queréis un modelo diferente. Luego, cuando os cansáis también del modelo nuevo, os compráis otro. Y luego, solo porque está un poco roto (podríais arreglarlo y seguir utilizándolo), os compráis otro. Y así seguiréis comprando uno detrás de otro por los siglos de los siglos... Al proceder así, ¿no estáis participando en ese ciclo de consumo que tanto pesa a la sociedad?

Tirar las cosas que no se utilizan no es un derroche. ¿No creéis, en cambio, que el verdadero «derroche» para nuestro entorno es seguir participando en un ciclo que consume inútilmente?

Si os liberáis de las cosas que poseéis, a vuestra mente ya no le hará falta acordarse de ellas y, por consiguiente, el peso de vuestra memoria se verá aligerado. Al tirar las cosas que no utilizáis, podréis vivir vuestra existencia con una mente fresca y serena y, por consiguiente, podréis ser amables con las personas que os rodean y desarrollar mejor vuestro trabajo. Antes que seguir poseyendo cosas inútiles, convertirse en una persona capaz de ejercer una influencia positiva en los demás es, en mi opinión, un gran paso adelante, también para el entorno.

Si tiráis las cosas que son fáciles de eliminar, saborearéis la agradable sensación que se obtiene al hacerlo

Los individuos contemporáneos solo sabemos, por lo general, qué significa aumentar la cantidad de cosas que poseemos. No solemos enfrentarnos al «reducir». De vez en cuando, limitamos un poco lo que tenemos, pero básicamente siempre poseemos algo. Para nosotros, esa es una condición que damos por sentada: por mucho que sea también la causa de nuestra confusión y por mucho que nos suponga un peso en el corazón, en realidad no nos damos cuenta. Si, por el contrario, intentamos reducir de forma considerable la cantidad de pertenencias, percibiremos claramente que nuestro pensamiento se vuelve más lúcido. A los distintos beneficios que obtendremos, se añadirá también el hecho de que seremos capaces de desarrollar casi cualquier atribución de una forma mucho más satisfactoria.

Por eso, es ante todo necesario que os desembaracéis de aquellas cosas que resulta relativamente fácil tirar, sea lo que sea. Vuestra mente saboreará de inmediato una sensación nueva de «ligereza». Empezad, pues, a tirar las cosas de las que os parece más fácil desprenderos; luego ya procederéis a eliminar las que pertenecen a una categoría de dificultad superior, y así sucesivamente. Si al principio pensabais que nunca seríais capaces de tirar aquellos objetos, lo conseguiréis contra todo pronóstico, porque tras haber eliminado todo lo que pertenece al nivel más simple, descubriréis un placer tal al sentir que se os ha aligerado el corazón, que vuestra mente se ocupará activamente de liberarse de todo aquello que realmente no os sirve.

Las cosas que debéis tirar en primer lugar –por lo general, las más fáciles– son las que no usáis. Seleccionadlas, elegid de entre ellas las que sois claramente capaces de tirar y hacedlo sin vacilar. Por lo que respecta a la sensación de «derroche» que sin duda os invadirá, volved a leer el párrafo anterior.

Se sigue conservando una cosa, aunque de hecho no se use, porque se cree que un día u otro se presentará la ocasión de utilizarla, ¿no es cierto? Lógicamente, entre diez o veinte objetos, es posible que tarde o temprano os entren ganas de usar uno de ellos. Tenéis dos opciones: seguir conservando los veinte, en nombre de ese único objeto que tal vez decidáis usar una única vez en el transcurso de varios años; o tirarlos todos y cuando se presente esa única vez en que os haga falta el objeto en cuestión, volver a comprarlo o pedirlo prestado. ¿Cuál de esas dos opciones os parece una actitud más racional?

Empeñarse en conservar las cosas solo porque «algún día pueden resultar útiles», aumenta el ruido de fondo de la mente y no os aporta más que desorden e inquietud. No vale la pena correr el riesgo de apegarse a un objeto durante diez años por la posibilidad remota de poder usarlo otros diez años después.

Tiradlo. Y si diez años más tarde lo necesitáis de verdad, volver a comprarlo será mucho menos dañino para vuestra salud mental.

La verdad es que cuando se tiene dinero, no hay necesidad de poseer las cosas

A propósito del vínculo que se da entre dinero y reducción de las cosas que se poseen, la verdad es que si se tiene dinero es posible mantener al mínimo el nivel de lo que se posee, precisamente porque el dinero permite procurarse cualquier cosa en cualquier momento.

El valor del dinero podría, sin embargo, desplomarse a causa de la inflación y, sobre todo entre quienes viven en el Japón actual, se percibe la preocupación latente de que el dinero se transforme en papel mojado o de que la economía del país se hunda.

Dado que de momento la economía aún funciona, para vivir reduciendo al máximo lo que poseemos es fundamental tener la certeza de que podemos procurarnos en cualquier momento lo que creamos necesitar.

Dicho de otra manera: en lugar de crear un almacén en casa, cuando necesitéis algo bastará con pagar y serán mensajeros y comerciantes quienes os hagan de «almacenistas» y os lleven a casa todo lo que necesitéis. Es suficiente con pensar de ese modo para darse cuenta de que no es necesario que seáis vosotros quienes poseen esas cosas. Es decir, que el dinero se puede cambiar en cualquier momento por casi cualquier cosa, pero la ventaja de poseerlo consiste precisamente en que nos evita poseer demasiadas cosas. Más allá de estas obviedades, que tienen que ver con el nacimiento en sí del dinero como sistema de intercambio de mercancías, conviene apuntar aquí que en la sociedad actual, el dinero ha perdido su valor de cambio y se ha transformado en un instrumento para calcular el propio valor.

«Mi renta anual es de tanto, mis ahorros de tanto. Este es mi valor.»

Desde el momento en que el dinero ha asumido el valor de «metro» que mide el valor de las personas, es natural que quien tiene dinero quiera aún más, para engrandecer el ego de forma desmesurada.

Hemos olvidado que, en sus orígenes, esas cifras tenían como función permitir el intercambio de cosas: ahora, si poseemos quinientos millones, nuestro valor es de quinientos millones; si poseemos ochenta mil millones, valemos ochenta mil millones; y si poseemos siete billones, ese será nuestro valor... las cifras se pueden aumentar ilimitadamente. Y así, pensando que cuanto más aumenten las cifras más aumenta nuestro valor (aunque no está claro que todo el mundo reconozca esa equivalencia), nosotros seguimos acumulando dinero.

segundo capítulo

¿POR QUÉ DESEAMOS EL DINERO?

¿Por qué cuantas más cosas poseemos menos felices somos?

Sigamos analizando la relación entre dinero y deseo. ¿Por qué deseamos el dinero?

Cuando reflexionéis sobre este argumento, lo primero de todo es que comprendáis el precepto budista según el cual lo único que los seres humanos podemos percibir de verdad es el dolor.

Podríais argumentar que, después de todo, también existe el placer.

Sin duda, también percibimos el placer, pero en ese caso no se trata más que de una reelaboración de la disminución del dolor: primero percibimos el dolor y su disminución queda registrada en nuestra mente como placer.

Por ejemplo, cuando terminamos un trabajo muy pesado, la desaparición de ese dolor se convierte en un placer equivalente: ahora ya podemos ser libres, pero entonces aparece la angustia de tener demasiado tiempo libre y no saber qué hacer con él. Así pues, cuando se nos vuelva a encargar un trabajo extenuante, experimentaremos un placer proporcional a la desaparición del dolor que supone no tener nada que hacer.

En otras palabras, que el dolor es la premisa necesaria para experimentar placer.

Si el dolor vale diez, experimentamos un placer igual

a diez; si el dolor vale veinte, experimentamos un placer igual a veinte, y así sucesivamente.

El único estímulo que los seres humanos consiguen notar en cuerpo y mente es el dolor. Todas las sensaciones que experimentamos no son más que dolor que aumenta o disminuye. Nuestra mente, sin embargo, procesa los datos de esas «oscilaciones» y las convierte en placer: es una *duhkha* en clave moderna, uno de los fundamentos del budismo y de lo que se suele definir como «las nobles verdades».

Las tres «D» de deseo que nos impulsan a querer una cosa tras otra

Desde este punto de vista, si observamos lo que sucede cuando no poseemos lo que queremos –sea lo que sea– experimentamos primordialmente una sensación de infelicidad. Y eso da lugar al sufrimiento: el sufrimiento de «no tener algo y sentirse triste». Para paliar ese dolor, hacemos lo que sea con el fin de procurarnos la cosa en cuestión. En cuanto la tenemos en las manos –ibum!–, el sufrimiento desaparece y lo sustituye el placer provocado por el alivio que experimentamos ante la desaparición del dolor.

Pero esa sensación ocupa solo el instante en que obtenemos la cosa en cuestión.

Para alcanzar el placer partiendo de una situación en la que el sufrimiento que nos provoca querer algo ha aumentado, más que la cosa en sí lo que necesitamos es aliviar el dolor. Nos sentimos mejor solo en el momento en que este disminuye.

En otras palabras, nos sentimos mejor solo en el instante en que obtenemos esa cosa. Luego nos acostumbramos y el dolor desaparece. En realidad, y durante todo el tiempo en que esa cosa nos pertenece, seguimos percibiendo el eco de fondo que surge de saber que la tenemos: «Es mía, es mía, es mía...».

Dicho de otra manera, cuanto más lo pienso, más me convenzo de que poseer algo significa «añadirse una nueva distracción y un nuevo dolor solo por el placer de un instante».

Si la cosa en cuestión no la necesitábamos, pero hemos cedido al deseo y la hemos comprado, el dolor que sucede al placer de haberla comprado resulta especialmente intenso. Si, por ejemplo, tenemos la impresión de que ha sido la publicidad la que nos «ha hecho comprarla», el sufrimiento se intensifica aún más.

Para que ese dolor desaparezca, bastaría con liberarnos del objeto en cuestión, pero dado que no somos conscientes de que la culpa sea suya, eliminaremos el sufrimiento provocado por el estrés recurriendo al método al cual estamos acostumbrados: desear otra cosa. Al pensar que queremos otra cosa, de hecho, experimentamos de nuevo el dolor, pero en el momento en que esa nueva cosa ya es nuestra, conseguimos obtener otra vez la ilusión de placer.

Sin embargo, también esta vez nos sentiremos mejor solo por un instante –más o menos, una décima de segundo– y es solo una cuestión de tiempo que empecemos a desear otra cosa.

Para obtener un placer más intenso, es necesario un estímulo más doloroso. Si, de hecho, el dolor alcanza una intensidad de cien, al anularlo durante un instante podemos engañarnos creyendo que obtendremos un placer equivalente a cien. Creo que es la razón por la que tendemos a desear cosas muy difíciles de obtener: de ese modo, se experimenta un «sufrimiento» mayor, más gratificante para la mente.

Si no conseguimos sufrir más, tampoco podremos sentirnos mejor: ese es el motivo de que finalmente perdamos el control y acabemos deseando una cosa tras otra.

Al principio, bastaba con un bolso de diez mil yenes. Luego, esa cifra se transformó en cien mil yenes, luego en quinientos mil, luego en un millón. Y no tardaremos en pensar que, si existe un bolso de diez millones de yenes, tiene que ser nuestro. Además, podrían entrarnos ganas de tener algo hecho especialmente para nosotros por algún famoso artista, así que además de necesitar casi doscientos millones de yenes, también necesitaremos conocer a mucha gente y llevar una vida «particular». Y así sucesivamente, hacia cosas cada vez más irrealizables. Puede ocurrir que ese estado de ánimo no se limite únicamente a las cosas, sino que acabe por encaminarnos hacia un trabajo que no se corresponde con nuestras capacidades o un estatus social inalcanzable. Porque se trata de un sufrimiento tan profundo que parece imposible, pero en el momento en que consigáis eliminarlo, experimentaréis el mayor placer imaginable.

La trampa que surge llegados a este punto es la de adoptar la costumbre de sufrir de forma voluntaria, como en los casos en que nos obligamos a hacer algo o nos enfadamos a propósito. Y eso sucede porque nuestra mente ha memorizado que gracias a la aparición del dolor, hemos conseguido sentirnos mucho mejor... Por ese motivo, experimentar un sufrimiento inmensamente mayor solo puede ser bueno.

He bautizado este mecanismo como «las tres D de deseo», sirviéndome de la letra inicial de tres términos ingleses.

Al principio, deseamos cosas necesarias: es la necesidad (*Demand*). Poco a poco, sin embargo, nos alejamos de la necesidad y desarrollamos una dependencia de los estímulos del deseo (*Desire*). El dolor acaba por convertirnos en esclavos y por arrastrarnos con su empuje (*Drive*), que no somos capaces de controlar y se convierte, por tanto, en un impulso irrefrenable.

El motivo por el que deseamos precisamente lo que está fuera de nuestro alcance

Mientras el deseo se centre en cosas realizables, no pasa nada, pero cuando las cosas realizables se satisfacen una tras otra y cualquier otro deseo nuestro viene satisfecho de inmediato, la situación deja de resultarnos estimulante. En otras palabras, que no sufrimos mucho.

La felicidad que buscamos debería basarse, precisamente, en el hecho de no sufrir, pero nuestra mente no lo reconoce como «felicidad» porque no aparece el dolor que es la premisa del placer. «Así no vale, necesitamos un estímulo aún más fuerte, que genere un sufrimiento.» Y por eso nos las ingeniamos para desear algo absolutamente irrealizable. Llegados a ese punto, lo nuestro ya no será un deseo, sino un estímulo, un impulso irrefrenable.

Un ejemplo de ese desear cosas imposibles de obtener es el caso de las mujeres que siempre se enamoran de hombres casados y con hijos. Insisten para que su objeto del deseo se separe de su mujer, aunque en realidad no quieren que eso ocurra. Lo que desean estas mujeres por encima de todo es, precisamente, saborear el sufrimiento de no poder casarse con la persona amada. La prueba es que si el hombre se separase realmente de su mujer y pudieran casarse felizmente, la pasión se enfriaría de inmediato. Y entonces, esa misma mujer se enamoraría a propósito de otro hombre que ya mantuviera una relación con otra persona. Más de una mujer en esa situación ha acudido a mí en busca de consejo.

También es así cuando se trata de elegir un trabajo. De entre todas las profesiones que existen en el mundo, elegimos a propósito una que aparentemente no tenga nada que ver con nosotros y nos convencemos no solo de que es justamente eso lo que queremos hacer, sino también de que hasta que no consigamos hacerlo, no podremos ser felices.

Es, por ejemplo, el caso de una persona que insiste en querer trabajar como diseñador a sabiendas de que no tiene ningún talento en ese campo; o, por el contrario, el de una persona a la que le va muy bien en el campo del diseño pero –sin motivo aparente– empieza a pensar que lo que de verdad le gustaría hacer es irse a vivir al campo y dedicarse a trabajar la tierra. O de quienes a pesar de odiar desde la época del colegio las matemáticas y todo lo relacionado con los números deciden, después de haber leído un libro, renunciar a un buen trabajo y convertirse en asesores fiscales.

Tengo la sensación de que los individuos de hoy en día tienen demasiados complejos y que no hacen más que expresar insatisfacciones relacionadas con su propio presente. Es como si siempre quisieran hacer algo distinto a lo que están haciendo, como si siempre anduvieran en busca de un misterioso lugar, diferente al que ocupan pero que en realidad solo existe en sus sueños.

La razón primordial de que un sueño sea un sueño es que no se hace realidad. Dicho de otra manera, teniendo en cuenta que nunca se hará realidad, recibimos en el cerebro una gran cantidad de estímulos dolorosos.

Un sueño no es lo mismo que un *objetivo*. Las cosas factibles no se definen como sueños, sino como objetivos. El motivo de que las personas de hoy en día tiendan a soñar, es que se han convertido en «estímulo-dependientes» y «deseo-dependientes» y, al desear deliberadamente cosas que no se hacen realidad, se quedan encalladas en el mecanismo del sufrimiento. Esas personas, acostumbradas a cierto tenor de vida y después de haberse apropiado de toda clase de cosas, solo se sienten felices persiguiendo cosas irrealizables.

Obviamente, eso no es verdadera felicidad, sino «placer», ilusorio por añadidura.

Estoy convencido de que esas personas, entregadas a una infelicidad segura, se dan cuenta de forma inconsciente; su elección de ser infelices es, en mi opinión, voluntaria.

El sistema que nos impide alcanzar la felicidad

Dicho en pocas palabras, las personas no desean satisfacer sus propios deseos. Más bien desean, inconscientemente, mantener intacto su sufrimiento y seguir así insatisfechas.

Ya he dicho que cuando se satisface un deseo, se crea la ilusión de un placer que, sin embargo, desaparece en un instante. Y eso lo sabemos en lo más profundo de nuestra mente. Por eso, en lugar de satisfacer nuestro deseo, preferimos seguir atrapados en ese mecanismo para siempre. Si no perdemos el control, como he dicho, al final nos lanzamos a una búsqueda de cosas absolutamente irrealizables. O bien, cuando esas cosas están a punto de hacerse realidad, nos equivocamos a propósito, vacilamos o las hacemos fracasar.

Cuando nos enamoramos de alguien, si parece que las cosas van por buen camino, empezamos a vernos deliberadamente con otra persona, o bien tratamos mal a nuestra pareja o decimos algo con la intención de hacerle daño. Y cuando las cosas empiezan a irnos bien en el trabajo, no podemos resistirnos a la tentación de ponernos palos en las ruedas...

Puesto que se trata de una idea importante, la voy a repetir: seguir atrapados en ese «juego de supervivencia» orquestado por el deseo nos permite saborear siempre el dolor. El sistema de procesamiento de nuestro cerebro, sin embargo, convierte automáticamente las oscilaciones de dolor en placer y, por tanto, no conseguimos pensar que, puesto que se trata de «dolor», habría que eliminarlo de inmediato.

Tampoco hay que excluir la idea de que el llamado «capitalismo» sea la máxima expresión de ese sistema según el cual las personas están «programadas» por el deseo.

Al principio, se trataba de un «deseo de posesión», generado por la simple necesidad. Pero mientras busquemos la felicidad en el círculo vicioso «dolor-placer», permaneceremos eternamente atrapados en el interior de ese sistema en el cual jamás podremos ser felices.

El primer paso para salir de ese círculo vicioso consiste en reducir lo que queríamos al principio, o bien dejar atrás el deseo de «poseer cosas», «tener a alguien» y «obtener una posición».

¿Por qué queremos acumular dinero?

Estoy convencido de que ya habéis entendido cómo funcionan los mecanismos del deseo; ahora quisiera pasar a hablar del dinero.

El origen del dinero

Antes de todo, remontémonos a la época en que el dinero hizo su aparición. Como sabéis, al principio se practicaba el trueque. Si se recogían cien *yamaimo*, lógicamente no se podían comer los cien. Si, por otro lado, había alguien que tenía cien *daikon*, pero ningún *yamaimo*, se podía hacer un trueque con esas dos hortalizas. Cuanto más buscados los productos a intercambiar, mayor era su valor de trueque. Por ejemplo, bastaba una sola manzana para conseguir diez *yamaimo*.

Cuando el propietario de un producto y el potencial comprador negociaban un intercambio, era necesario determinar un valor de las mercancías y también que ambas partes lo aceptaran. Por eso, al introducir en el intercambio un «equivalente», que podía consistir en conchas o en monedas de oro, las negociaciones eran mucho más sencillas. A grandes rasgos, así fue como nació la moneda –más conocida como «dinero»–, es decir, la unidad de medida del valor en función del cual se podía intercambiar casi cualquier mercancía.

Uno de los aspectos útiles del dinero es que se puede conservar. Y, dado que se puede conservar, también se puede acumular. Por ese motivo, antes de su aparición la moneda de cambio eran los cereales. Tanto el *yamaimo* como el *daikon* son perecederos, mientras que los cereales se pueden conservar durante casi un año. Por otro lado, y teniendo en cuenta que el arroz era la base de la alimentación, todo el mundo lo necesitaba y poseía un valor de cambio muy alto. Y de ahí que en Japón llegaran al poder quienes poseían grandes cantidades de arroz.

Por ese motivo, la impronta que se ha grabado en la mentalidad de la gente es que cuando se poseen cosas que se pueden conservar sin que se estropeen y que, además, todo el mundo ambiciona, es posible hacerse con el poder. Y ese concepto lo encarnan a la perfección las monedas de oro: no se estropean nunca, se gastan poco por mucho que se usen y poseen un gran valor debido a la escasez de la materia prima con la que se fabrican. Si bien ya hace mucho que se introdujeron los billetes, el sistema del oro ha estado en vigor hasta tiempos muy recientes.

Dicho de otra forma, que una moneda potencial debía cumplir el prerrequisito de la solidez y –como en el caso de los metales nobles– poseer un alto valor debido a su escasez. El factor «utilidad» no se tenía en consideración.

Pero atención: cuando la moneda era el arroz, no se trataba únicamente de una moneda de intercambio, sino también de un alimento comestible. Los billetes, en cambio, no son comestibles. Cuando los poseemos, sin embargo, y gracias a esa convención social que nos permite intercambiarlos prácticamente por cualquier cosa, siempre tenemos la seguridad de que podremos comer.

Mientras tengáis dinero, seréis capaces de procuraros alimento, todo el mundo os tratará con respeto y, si queréis, hasta podréis llegar a comprar a las personas. En otros tiempos, existían cosas que no se podían comprar con el dinero, pero a partir de un determinado momento, el dinero posibilitó comprar casi cualquier cosa, incluido el cuerpo de una persona.

Hoy en día, gracias al dinero, podemos cambiar nuestro propio aspecto físico y hasta salvar la vida gracias a carísimos tratamientos.

Que el número de cosas que se pueden comprar con el dinero haya aumentado, se puede describir como el curso natural de la historia. El hecho de que en la época actual la fascinación que ejerce el dinero sea mayor, en comparación con la que ejercía en tiempos anteriores, deriva también de la mayor cantidad y calidad de las cosas que, gracias precisamente al dinero, podemos procurarnos.

Dicho de otra forma, que el dinero es, por así expresarlo, un instrumento que garantiza tranquilidad y protección: cuanto más tengamos, más tranquilos viviremos y mejor protegidos de las amenazas estaremos.

Precisamente por eso, las personas no pueden evitar acumularlo. Tener más dinero significa poder controlar más aspectos de la propia vida. Tener menos dinero, significa que podemos controlar menos aspectos.

El territorio de ese control, es decir, el ámbito que conseguimos gobernar y sobre el cual extendemos nuestros tentáculos, depende de la cantidad de dinero del que dispongamos. Y, por ese motivo, el hombre ambiciona el dinero: porque es el instrumento principal para extender sus tentáculos sobre el mundo y ejercer el propio control.

La razón de ese deseo de controlar el mundo

¿Por qué todas las personas desean controlar el mundo?

Si analizamos a fondo esa cuestión, el motivo es el miedo.

Y el hecho de que estemos convencidos de que la mejor defensa es el ataque.

Si extendemos el ámbito de nuestro control, conseguimos aumentar la cantidad de cosas que se encuentran bajo nuestra influencia.

Dicho de otra manera, que conseguimos incrementar el número de personas que nos aprecian. Y, al hacerlo, es como si nos liberásemos de las inquietudes que albergamos respecto a nuestra propia existencia.

Todos vivimos atormentados, de forma inconsciente pero arraigada, por una especie de ruido de fondo que nos perturba. Todos sufrimos. Nos gobierna ese sufrimiento y, puesto que tenemos el carisma necesario para elevar el valor de cotización de esos títulos accionarios que somos «nosotros mismos», no podemos evitar el hecho de volver a controlar siempre nuestro valor. Pero dado que, precisamente por ello, nuestro sufrimiento aumenta todavía más, nos vemos obligados a subir constantemente los precios.

La más mágica «de entre todas las cosas», la que todos anhelan –más conocida como «dinero»–, es el objeto del deseo de todo el mundo y, precisamente por ello, es fácil adoptar un punto de vista según el cual lo que valemos va en función de la cantidad que poseamos de eso que todo el mundo desea.

Dicho de otra forma, el dinero se está convirtiendo en la unidad de medida no solo del valor de las cosas, sino también de nuestro valor.

Efectivamente, si tenemos dinero somos libres. Libres del hambre y del frío. Se nos aprecia y somos influyentes en nuestro entorno. El problema es que, dado que todo eso tiene el objetivo de eliminar nuestras inquietudes, no existen límites.

En otras palabras, como ya he dicho anteriormente cuando hablaba de los mecanismos que gobiernan el deseo, aunque tener dinero nos permita extender el territorio sobre el cual conseguimos ejercer nuestro dominio, una vez que aparece ese placer efímero surgen de igual modo las «inquietudes» y los «dolores». Nos topamos entonces con algo que aún no ha acabado entre nuestras garras y no podemos evitar la necesidad de querer controlarlo también.

Y ahora viene la paradoja. Por mucho que consigáis incrementar el dinero que poseéis, lo que finalmente obtendréis no se diferenciará mucho de la función originaria del dinero mismo: aumentar las cosas que podéis comprar con él.

En otras palabras: no conseguiréis eliminar vuestras inquietudes. No conseguiréis ser felices. Por mucho que os guste acumular más dinero del que necesitáis, no es más que un juego estéril.

Los mecanismos del deseo

En el budismo, el análisis de la psicología humana atribuye al hombre tres *klésa*, o estados de ánimo fundamentales: la *codicia* (deseo), el *odio* (rabia) y la *ignorancia*. La codicia, también definida como «deseo», es la que aparece en primer lugar.

Para una explicación más detallada de estos *Tres venenos*, lo ideal sería consultar mi libro *Bonnō Risetto Keikojō* («Manual para cancelar los deseos mundanos»), editado en Japón por Discover 21. Aquí, por el contrario, profundizaré en el tema sobre el cual he estado hablando hasta ahora: los mecanismos del deseo. Antes, sin embargo, quiero explicar por qué en este libro, que se propone como una «introducción a la pobreza», es necesario desvelar los mecanismos que regulan el deseo.

La trampa del ahorro

A medida que en la sociedad japonesa se recrudece el impacto de la crisis económica, se refuerza la tendencia al ahorro. Pues bien, cuando este principio se traduce en el querer algo pero pasar sin ello por tacañería, no solo genera estrés, sino también una sensación de infelicidad y pobreza. Creyendo que ahorramos, nos aprovisionamos de productos de mala calidad: ¿no creéis que al acumular cosas nos estamos alejando del concepto de «generosa modestia» al que nos dirigimos?

«Hacer de todo para ahorrar» se traduce en una forma de apego al dinero, tan fuerte que consigue reprimir los deseos. La idea del dinero nos controla de la misma manera en que controla a quien se lanza de cabeza a ganar dinero y sigue obedeciendo las órdenes que le dicta su propia codicia.

No quiero que eso suceda, quiero que sepáis todo lo que hay que saber sobre los mecanismos del dinero, para que podáis superarlos y disfrutéis del candor de una vida humilde compuesta de pocas cosas. Quiero que aprendáis a vivir de una forma sencilla pero sustanciosa, sin abalanzaros sobre productos de mala calidad solo porque cuestan poco, sino comprando las cosas que necesitáis sin reparar en el precio.

El cerebro confunde la atenuación del dolor con el placer

Cuando nos entran ganas de tener algo que no poseemos, lo que nos hace sufrir es precisamente el hecho de no tener aún ese algo en cuestión. Si tuviéramos que describir el deseo, simplificando mucho podríamos definirlo como el «punto x» en el que nace ese sufrimiento (estrés). Sin temor a dudas, podemos definir como «deseo» lo que siente aquel que tiene unos ingresos anuales de dos millones de yenes pero sueña con incrementarlos hasta cuatro millones.

Como ya he explicado, somos esclavos del deseo porque en el momento en que nuestro anhelo se ve satisfecho, obtenemos un placer igual a la disminución del sufrimiento: no se trata, pues, más que de una simple ilusión.

Por eso, el sufrimiento radica precisamente en el hecho de incubar el deseo. Si para lo que deseamos nos faltan dos millones de yenes, experimentamos dolor, pero ese dolor se esfuma cuando aumentan los ingresos. Si observásemos fríamente este proceso, conseguiríamos entender el mecanismo. Las personas, en cambio, interpretan la fase de lenta desaparición del dolor como algo que les produce bienestar. ¿Tal vez porque las hace sentir vivas? Sea como sea, gracias al proceso que hace disminuir el dolor se obtiene el placer o, mejor dicho, la ilusión de haber alcanzado el placer.

Si tomamos como ejemplo el primer amor, en la época de secundaria o de bachillerato, tal vez sea más fácil entenderlo. Nos enamoramos, esperamos que esa persona en cuestión nos haga caso y cuando pensamos «Si no lo consigo, ¿qué hago?», nos entran los nervios. Al ponernos nerviosos, entran en acción ciertas sustancias negativas, como la dopamina, y el torrente sanguíneo se altera. El cerebro convierte ese sufrimiento en algo «excitante» y «agradable».

Desde el momento en que esa agradable sensación permite presagiar la posibilidad de obtener lo que queremos y de que, tarde o temprano, nuestra angustia empiece a disminuir, si estamos enamorados y no tenemos la más mínima esperanza, el hecho de que nuestro amor sea imposible al cien por cien hace aún más doloroso nuestro sufrimiento.

En cambio, a medida que aumentan los indicios de que es posible que la otra persona nos haga caso, la sensación de nerviosismo se va atenuando. Cuando empezamos a salir con esa persona, la sensación de inquietud se acerca de nuevo a cero y allí permanece estable durante todos los años en los que estamos con esa persona, hasta que empezamos a creer que la felicidad de antaño ya ha desaparecido y empezamos a preguntarnos si no sería cuestión de separarse...

Volviendo al dinero, cuando se alcanza el objetivo de los cuatro millones de yenes, se saborea solo durante un momento el «placer» del «¡Lo he conseguido!». Transcurrido ese instante fugaz, el «placer» ya no es más que un recuerdo. Haber alcanzado el objetivo de los cuatro millones de yenes no es más que un dato que ya pertenece al pasado y que se esfuma rápidamente. Tarde o temprano, nos cansamos de custodiar celosamente esa sensación de placer; solo es cuestión de tiempo. Como las redacciones que escribíamos en el colegio tras un largo paseo por la montaña: «Ha sido duro, pero el hecho de haber llegado a la cima después de tanto esfuerzo, me ha proporcionado una felicidad más intensa». Seguro que existen personas capaces de experimentar profundas emociones, pero hasta quien posee una extraordinaria sensibilidad se cansa enseguida.

Y entonces, ¿qué ocurre? La respuesta es la siguiente: que se impone un nuevo dolor. Se apunta hacia los ocho millones de yenes. Luego a los veinte millones, a los cien millones, a los mil millones, a los diez mil millones... Como ya he dicho en el capítulo anterior, es una espiral sin límites.

¿Cuál es el futuro de una existencia dedicada a perseguir el dinero?

Comentaré a continuación dos modos de relacionarse con el dinero.

El primero es un estilo de vida basado en una espiral de dolor y placer, pero en el cual se poseen acciones por valor de quién sabe cuántos cientos de millones de yenes y se vive como un *day trader*, pegado a la pantalla de un ordenador día y noche, sin acordarse del hambre ni del sueño. El segundo es el estilo de vida de quien se niega a sufrir a causa del dinero y opta por un tipo de dolor distinto, hasta el punto de manifestar comportamientos destructivos hacia las relaciones personales o hacia la propia salud. Todo esto es válido para la mayoría de las personas que pueden definirse como «de éxito».

Cuando se obedecen los mecanismos del dinero, se gana dinero y, desde el momento en que uno se convierte aparentemente en persona «de éxito», lo más probable es que la sociedad lo cubra de elogios. Pero ese mecanismo no conduce a la felicidad. La mente se fabrica un dolor solo para obtener el placer ilusorio de un instante. Es como cuando en Disneylandia se hace cola durante dos horas para disfrutar de una atracción que dura un minuto. No vale la pena. Cuanto más se sigue por ese camino, más se aleja uno de la felicidad. Y lo malo es que, por más que uno no sea feliz, acaba por creer que lo es a fuerza de recibir elogios por parte de todo el mundo. En realidad, sufre. Tendría que ser feliz, pero sufre. «Ah, qué difícil. Tengo que hacer algo.»

Y así sigue viviendo al día. Como un hámster en su jaula, que no deja de correr en su rueda, se mueve sin descanso y, al no conocer el reposo, tampoco conoce la felicidad.

La trampa del dolor real y del placer virtual

Como ya he dicho, el cerebro transforma las informaciones procedentes de estímulos que definiremos como «dolor» en «sensaciones placenteras» y eso sucede porque actuamos sin reflexionar. El término que utiliza el budismo para definir esta transformación es *keron*, que significa «discurso frívolo»: el nivel en que nuestro cerebro no da por buenos esos datos y los reelabora a su gusto.

Desde el momento en que reescribe esos datos, nuestro cerebro no es capaz de ver la realidad. No se da cuenta de que en realidad estamos sufriendo, es decir, de que la nuestra es una felicidad virtual. La felicidad que surge del apego al dinero no es más que ese «placer» virtual.

Confundir ese placer virtual con una sensación de bienestar permanente tal vez no sea del todo malo, pero tarde o temprano llegará el momento en que ya no podamos seguir adelante con ese «discurso frívolo». Queramos o no, llegará el momento en que nos veamos obligados a admitir que estamos sufriendo. Llegaremos a un punto en que ya no se podrá hacer nada. Cuando el dolor causado por el deseo supere el límite, se desmoronará también la fachada que es ese «entusiasmo que nos hace estar bien».

En realidad, es justo en ese momento cuando surge la posibilidad de salvarnos. Cuando eso sucede, nace por primera vez en el individuo la conciencia de que es posible cambiar.

Volviendo al ejemplo del amor no correspondido, en ese caso nos damos cuenta de que una situación de ese tipo no se puede definir como positiva desde ningún punto de vista y, finalmente, decidimos dejar de amar a esa persona en cuestión. Es una lástima que no sean muchos los que aprovechan esa valiosa oportunidad.

En cambio, aumenta el número de personas que llevan a cabo esa reelaboración que hemos definido como «discurso frívolo»; cada vez son más los que, tras haber sufrido una gran desilusión motivada por el deseo, interpretan el dolor que se autoinfligen como algo placentero.

Es el mismo mecanismo que, partiendo del deseo de obtener ganancias, nos lleva a querer elevar nuestro estatus hasta donde sea posible, luego a querer controlar una empresa, a querer controlar Japón y, finalmente, a querer dominar el mundo entero. Eso no es felicidad; no es más que un placer virtual originado por la reelaboración de datos que lleva a cabo nuestro cerebro.

La publicidad ensalza el consumo y su papel consiste, básicamente, en proporcionar a las personas un estímulo virtual: «Tal como sois, no sois felices». Y, de esa forma, genera en ellas un deseo. Aparentemente, el papel de la publicidad es producirnos satisfacción; en realidad, no es así. Al principio nos hace sentir como si el hecho de no tener el producto publicitado fuese un problema: «¡Oh, no! No lo tengo. ¿Qué puedo hacer?», pensamos. Luego, hasta que no conseguimos el producto en cuestión, experimentamos un dolor real, violento. Cuando por fin estamos en posesión del producto, nos sentimos felices porque el dolor ha desaparecido. Y así se inicia un círculo vicioso.

La publicidad no muestra la realidad a las personas, sino que les produce estímulos virtuales y las hace sentir infelices, porque el placer que finalmente obtienen también es virtual.

Estaréis de acuerdo conmigo en el hecho de que una de las formas más básicas de «publicidad» consiste en mostrar. El deseo nace precisamente cuando nos muestran algo –sin lo cual podríamos haber pasado tranquilamente si no lo hubiésemos visto– y, de inmediato, queremos tenerlo. En este caso, sin embargo, por lo menos ese objeto del deseo es algo que vemos con nuestros propios ojos y que podemos tocar con las manos. Lo que me preocupa es que la publicidad de hoy en día, en cambio, busca arrastrarnos a un mundo virtual: como cuando, por ejemplo, nos muestra a personas exitosas o admiradas mientras utilizan un determinado objeto, para crear la ilusión de que nosotros también podremos alcanzar ese mismo éxito si utilizamos ese objeto. Si explicamos ese fenómeno al contrario, resulta así: hasta que no hemos visto la publicidad, no nos hemos dado cuenta de que carecíamos de un cierto tipo de reconocimiento social; por eso, es la publicidad la que nos inculca la idea de que si seguimos sin ese reconocimiento social, seguiremos siendo infelices. Dado que en el momento de inculcárnosla, la idea ya era virtual, el consumo consiguiente también es virtual, lo mismo que el placer que se experimenta al inicio. Lo único real es el sufrimiento que queda...

De ese modo, no se puede ser feliz.

¿Son realmente felices los *otaku*?

Últimamente se oye hablar mucho de lo virtual, pero tendemos a liquidar el discurso con un «Si la persona en cuestión cree ser feliz, en el fondo sigue siendo felicidad, ¿no?». Al observar a los jóvenes *hikikomori*, atrapados en los videojuegos en que las muchachas son amables y simpáticas con ellos, tendemos a pensar: «Bueno, si así son felices...».

En otros tiempos, la subcultura de los *otaku* y de los *anime* se juzgaba de forma negativa, pero recientemente algunos críticos han dado marcha atrás y la elogian por haber sido clave en el saneamiento de la economía. Y, sin embargo, maravillarse del éxito de esta subcultura significa no ver la realidad de los hechos. Esas personas se convencen de que no necesitan mujeres reales porque las mujeres «bidimensionales» son mil veces más maravillosas. De ese modo, evitan afrontar el dolor que conlleva no tener éxito y no sentirse aceptado. ¿No creéis que es una enorme irresponsabilidad ignorar los continuos gritos de dolor procedentes de los rincones del alma de estas personas y, solo porque impulsan una parte del consumo actual, quedarse en la superficie y limitarse a decir «Si así son felices...»?

En primer lugar, es impensable que, de repente, las mujeres «bidimensionales» sean mejores que las mujeres reales y que resulte más interesante jugar al ordenador que vivir en el mundo real. Tiene que haberse dado un proceso que ha obligado a esas personas a ser así, un motivo que las ha obligado a renunciar a lo que deseaban inicialmente para sustituirlo por un mundo virtual.

Han renunciado a todo lo que querían y a todo lo que no han logrado alcanzar, para sustituirlo por otras cosas... A fuerza de renuncias, ¿no se llega tal vez a un punto en el que se empieza a pensar como los *otaku*?

Al principio, los *otaku* deseaban relacionarse con el mundo exterior, pero finalmente han decidido que ya no necesitan todo eso. Dicho de otra manera, que al no conseguir lo que querían, han recibido una profunda herida en el orgullo y, para protegerse, fingen que todas esas cosas no les interesan. Es como si se hubieran encerrado en sí mismos de una forma completamente solipsista.

Si utilizamos el dinero movidos por el deseo, nuestro yo terminará por volverse insensible.

Las alegrías y los dolores «parciales» tampoco están tan mal

Los *otaku* eligen no desear para no sufrir, pero no es necesario llegar a esos extremos. Si nos infligimos un sufrimiento parcial, tendremos bastantes posibilidades de superarlo, obtendremos un dolor también parcial y diremos, satisfechos: «Ah, todo solucionado. De momento, me siento mejor». También en ese caso la nuestra será una felicidad «pasiva», muy distinta de la felicidad en su sentido más estricto, pero al menos, dado que no se trata de una experiencia virtual, es mejor que la felicidad solipsista de la cultura *otaku*.

Lo más importante para conseguir que no se convierta en esta última, es no considerar auténtica felicidad el placer que se obtiene en el momento en que pasa el dolor. Cada vez que experimentamos una sensación de placer, debemos convencernos firmemente de que se trata de una ilusión, que el dolor solo ha dejado de aumentar y que por eso precisamente lo confundimos con el placer.

Cuando encontramos una solución, experimentamos una momentánea sensación de felicidad a la que, sin embargo, no debemos aferrarnos, sino que debemos vivirla de la siguiente manera: «Oh, no es más que una ilusión. Esta reelaboración solo se ha producido en mi mente. No debo dejarme engañar». Se puede obtener la felicidad con moderación, sin perder el control. Se experimentan alegrías y dolores «parciales», pero son suficientes para vivir felizmente.

Dicho así, podría parecer una realidad triste, pero en verdad se trata de un modo de vivir muy activo, porque no es una invitación a ignorar la realidad, sino una exhortación a observarla atentamente y a contemplar las fluctuaciones de nuestro corazón.

En realidad, si observáis vuestra mente a través de la meditación, comprenderéis de verdad qué significa saborear el placer de hacer desaparecer el dolor provocado por un problema; y, precisamente porque seréis conscientes de que ese placer es una ilusión, no os dejaréis engullir por ese círculo vicioso «dolor-placer». Con los pies firmemente apoyados en la tierra, haréis grandes progresos. Si os mantenéis firmes y no os dejáis engañar por placeres ilusorios, conseguiréis ocuparos de vuestros problemas uno tras otro, sin necesidad de refugiaros tras ningún otro estímulo.

Vuestro trabajo saldrá beneficiado y os ganaréis los elogios de las personas que os rodean.

Las tres formas
de relacionarse con el deseo

Ahora consideremos desde otro ángulo lo que hemos visto hasta el momento e intentemos resumir lo dicho.

Cuando se manifiesta el deseo de algo, ¿qué tipo de cambio se produce en la mente?

Podemos imaginar que se den las tres posibilidades siguientes:

- Secundar ese deseo y hacerlo realidad.
- Evitar ese deseo y sustituirlo por otro.
- Reprimir el deseo.

Empecemos por las dos primeras.

Hacer realidad los propios deseos o sustituirlos por otras cosas

La primera opción consiste simplemente en resolver el problema del deseo de manera apropiada, sin eludirlo refugiándonos en otro dolor, de manera que obtengamos un placer motivado por el alivio que produce la desaparición del dolor.

Si el dolor es equivalente a diez, un placer que valga lo mismo lo hace desaparecer.

De la forma de afrontar los efectos nocivos causados por este enfoque ya hemos hablado en los párrafos anteriores.

La segunda opción consiste en crear un deseo completamente distinto a aquel que no nos creemos capaces de hacer realidad. Un ejemplo es liberarnos del estrés yendo de compras o saliendo a emborracharnos si las cosas no nos van bien en el trabajo.

Dado que gracias a ese nuevo estímulo conseguimos olvidar el dolor que nos provoca no ser capaces de satisfacer el deseo inicial, por un momento saboreamos una sensación placentera.

Este método, sin embargo, no funciona. Suponiendo que el sufrimiento inicial sea equivalente a diez, y que le sumemos el valor de quince del nuevo sufrimiento, tenemos un sufrimiento total de veinticinco; pero nuestra mente olvida el dolor inicial de diez y lo confunde con un «placer» de diez. Para evitar ese sufrimiento tenemos que provocarnos un dolor inducido por un deseo aún más intenso.

Por eso, si comparamos las dos opciones, la primera hipótesis es claramente mejor desde el punto de vista de la felicidad. Es obvio que, por lo que respecta a no satisfacer un deseo, satisfacerlo nos hace más felices.

Llegados a este punto, alguien podría objetar lo siguiente: «Ah, entonces no es cierto que el budismo aconseje no desear. ¡No es cierto que no deban satisfacerse los propios deseos!». Atención: el budismo no dice que haya que dejar insatisfechos los propios deseos.

Obviamente, es mejor no tenerlos, pero si se tienen, ¿no es mejor conseguir satisfacerlos? Hay que eliminar el dolor, pero es más natural pensar que si no se consigue eliminar completamente el deseo, al menos hay que satisfacerlo.

Las personas que no satisfacen sus propios deseos

esparcen a su alrededor la infelicidad que los atenaza y fastidian a quienes los rodean. En cierto sentido, se puede decir tranquilamente que si tenemos un deseo, es nuestro deber satisfacerlo de forma apropiada.

La trampa de fingir la ausencia de deseos

Ya hemos llegado a la tercera opción: fingir que el deseo no existe, que en realidad no se desea esa cosa en cuestión.

Al observar atentamente a las personas que desean algo con fervor, pero se reprimen, pienso: «¿Por qué os comportáis como estúpidos?». Entre los jóvenes de hoy en día, son muchos los que actúan así. Las personas (hombres, sobre todo) que no muestran mucho entusiasmo ni por el trabajo, ni por las relaciones personales ni por las mujeres se suelen definir como pasivas, o «herbívoras».

Como ya he dicho, aunque realmente no tuvieran deseos, eso no significaría automáticamente haber alcanzado el nirvana sino sencillamente que, como en el caso de quien sustituye un deseo específico por otro, se sienten frustrados y dolidos por un deseo que consideran inalcanzable y se comportan como si ese deseo no lo hubiesen albergado desde el principio. Se les define como si hubieran alcanzado el nirvana de la ausencia de deseos, pero yo creo que es más bien lo contrario.

En otras palabras, es la misma situación que la de los jóvenes *otaku*, quienes afirman preferir a las chicas «bidimensionales» antes que a las de verdad.

Los llamados machos «herbívoros» también tienen deseos, claro. Los tuvieron en el pasado y los tienen ahora. Pero como no han conseguido realizar los que tuvieron en el pasado, les parece imposible realizar los que tienen ahora. Desde su punto de vista, seguir teniendo deseos resulta demasiado doloroso. Más que nada, les hiere el orgullo. Imposibilita incluso que se acepten a sí mismos. Reduciendo las cosas que no pueden obtener, ponen en marcha una forma de defensa preventiva y fingen que no desean nada. Adoptan un aire de superioridad, como si nunca hubieran necesitado esas cosas.

La típica manifestación de esta forma de relacionarse con el deseo reprimiéndolo es, por ejemplo, la de las personas que han sufrido un rechazo y dicen cosas como: «Pero ahora que me fijo bien, esa chica tiene una nariz rarísima... No me hubiera gustado nada». O bien: «Menos mal que no hemos empezado a salir juntos, con ese carácter que tiene». Si la relación con esa chica hubiese salido bien, puede que ante esos detalles ligeramente desagradables hubieran observado cosas como: «Bueno, tendrá sus lados negativos, pero a mí me gusta igual». Pero dado que las cosas no han salido como querían, exageran esos lados negativos: «Mejor que mejor. La verdad es que no quiero estar con alguien así». Y se encuentran de nuevo solos, satisfechos de lo listos y afortunados que han sido.

En el ámbito del trabajo, quien quiere dedicarse al diseño y no lo consigue piensa: «Si me dedicara a eso, estaría ocupadísimo de la mañana a la noche, me tocaría hacer trabajos que no me gustan... Mejor ir pasando para seguir llevando un sueldo a casa, como he hecho hasta ahora». Y así, se miente a sí mismo.

El motivo por el cual buscamos autoconvencernos es que en realidad no estamos completamente satisfechos.

Y precisamente porque se trata de una mentira, debemos autoconvencernos continuamente de que, si no hemos conseguido dedicarnos al diseño, en el fondo es mejor así.

Bajo la máscara del macho «herbívoro»: el *estado de ánimo del orgullo*

Para decirlo en pocas palabras, no es cierto que no tengamos deseos. En la mayor parte de los casos, sencillamente fingimos no tenerlos. Nos limitamos a reprimirlos. Dicho de otra manera: los alteramos para conservar las apariencias. Y, por eso, la mente se retuerce y sufre.

Ese es el *estado de ánimo del orgullo*: la presunción de adoptar la actitud de quien no ha deseado nunca nada y observa a quienes sí desean como si fueran idiotas. Orgullo, en japonés es *man*, que compone la palabra *jiman*, «vanagloria» y *manshin*, «soberbia». El estado de ánimo del orgullo reprime el estado de ánimo de la codicia.

Como ya he dicho antes, existe una tendencia a admirar a los hombres que fingen no necesitar a las mujeres, pero de esa forma difícilmente se concretan las relaciones.

El descenso del índice de natalidad se está convirtiendo en un problema, pero en un escenario en el que, antes incluso de preguntarse si se quiere tener un hijo o no, es el amor en sí –premisa del matrimonio– lo que las personas no saben gestionar, ese estado mental de «orgullo» parece difundirse cada vez más, sobre todo entre los hombres. Para satisfacer ese inmenso deseo propio de ser aceptados, ciertos individuos, a pesar de seguir junto a una persona a la que aman, no hacen que esa persona se sienta amada. Afirman que no necesitan demostrarle amor a su pareja, dado que fueron ellos quienes iniciaron el galanteo, pero si es la pareja quien manifiesta su amor, entonces se sienten enormemente apreciados. Y, de ese modo, tienen la impresión de que ellos también valen algo.

Es una historia bochornosa, pero en otros tiempos yo también era así. Es más, me comporté de la forma más egoísta imaginable con la chica con la que salía por entonces.

A pesar de no tener problemas de dinero, le conté una mentira: le dije que atravesaba apuros económicos y le insinué, indirectamente, que me pagase el alquiler. Ella era mayor que yo y ya trabajaba, por lo que accedió. Deliberadamente, dejé caer que quería un abrigo muy caro. Ella me lo compró. Mientras tanto, me fui convenciendo a mí mismo de que si ella me amaba de verdad, no me hacía ninguna falta pedirle lo que deseaba, porque ella debería ser capaz de adivinarlo sola. Por eso, me dedicaba a murmurar cosas como «es bonito ese nuevo modelo», o dejaba las revistas abiertas por la página en que aparecía algo que yo deseaba.

Era un mantenido: mi situación, en todos los sentidos, era de la un mantenido. En cambio, jamás le hice ningún regalo a ella. El motivo no era el apego que sentía por el dinero, ni el hecho de que ella no me gustara, sino que yo no soportaba pensar en la posibilidad de gustarle

73

solo porque le hacía regalos, o de que no me amase por mí mismo.

Yo era un hombre que no pasaba ningún apuro, la verdad, pero si no ponía constantemente a prueba la aceptación de mi novia, no conseguía sentirme tranquilo. El estado de ánimo del orgullo siguió aumentando de nivel, hasta que me encontré en un auténtico atolladero. Estaba a punto de derrumbarme. Y cuando llegué de verdad al borde del derrumbamiento, mi novia enfermó y fue entonces cuando abrí los ojos. En aquella época, precisamente, empecé a tomarme en serio las prácticas ascéticas.

Si os parezco demasiado severo en comparación con los jóvenes de hoy en día, que actúan de forma pàsiva pero se fingen superiores, ahora ya sabéis por qué.

Y porque yo también fui un muchacho sin esperanza, dominado por el estado de ánimo del orgullo, y sé en cambio cómo habría tenido que comportarme.

Tras un rostro indiferente: el *estado de ánimo de la cólera*

He oído decir que en Japón, durante el periodo de la burbuja especulativa, los hombres que querían llamar la atención de las mujeres compraban coches caros como símbolo de prestigio, y que para conquistar a esas mujeres estaban dispuestos a hacerles regalos de gran valor. A ojos de los demás, podría parecer un comportamiento estúpido, pero no se puede negar que ese tipo de actitud es la que ha sustentado la economía.

En cambio, con la crisis de hoy, el deseo de amor de los hombres se ha visto reprimido. El consumo relacionado con ello ha disminuido y ha iniciado una espiral negativa.

Se podría pensar que, en el fondo, todo eso se ajusta a los preceptos de «pobreza» de este libro, pero aunque la apariencia sea la misma, el contenido es extremadamente distinto.

Y es así porque falta la parte en que se nos libera del deseo. Lo cual sucede porque, como ya he dicho antes, en la situación actual es casi imposible hacer realidad los propios deseos y, por ello, entre los mecanismos que los reprimen podemos incluir el hecho de que todos los deseos se traten del mismo modo. En consecuencia, da la sensación de que lo que se ha perdido totalmente es la vitalidad.

En otras palabras, no es que haya desaparecido el deseo; lo que ha desaparecido son las ganas.

Se podría hablar más o menos en los mismos términos de quienes invierten en acciones. Hasta hace poco, se había difundido la tendencia que aconsejaba a todos, ya fueran entes públicos o privados, invertir en lugar de ahorrar. Sin embargo, desde que ha cundido el pánico en todo el mundo, el valor de las acciones que muchos poseen está bajando. Y por eso está pasando lo que está pasando...

Las personas que poseen grandes cantidades y están sufriendo pérdidas «no quieren ver». Es así: no quieren ver el valor de las acciones que poseen. Porque cada vez que sus acciones bajan experimentan una sensación desagradable y por eso «no quieren ver». El hecho mismo de que las acciones bajen significa que ellos están sufriendo pérdidas: esas cosas pueden pasar, pero lo que no soportan es que, por si eso fuera poco, se les recuerde cada vez que lo comprueban que han cometido un grave error de cálculo.

Su orgullo se siente herido una vez tras otra y sufren porque empeora la imagen que tienen de sí mismos.

Este «¡no quiero verlo!» es la cólera, también definida como *estado mental de rabia*. El objeto de esa rabia no es otro que el propio deseo. De ese modo, las personas reprimen su propio deseo.

La forma en que la rabia se manifiesta frente al propio deseo es una especie de «apatía». Podríamos definirla también como sensación de desgana o de abatimiento, pero cargada de rabia.

Una vez más, lo que ocurre no es que falte el deseo sino que, debido al estado de ánimo del orgullo, sobre el deseo se coloca como si fuera una tapa un estímulo aún más violento –la rabia– y, así, se reprime el deseo. La rabia nos ataca desde el interior y se convierte en apatía.

La prueba de ello es que cuando esas personas practican la meditación *zazen*, antes de que puedan encaminarse hacia la pureza y el desinterés estallan en ellas, de repente, el hambre y los deseos carnales. Cuando la rabia se disuelve en el transcurso de la meditación, el deseo reprimido emerge de forma violenta.

Este fenómeno no se limita a los hombres, sino también a mujeres especialmente irascibles. Cuando, a través de la meditación, desaparece la rabia, a veces experimentan sensaciones extrañas, como por ejemplo inesperados ataques de hambre.

La teoría de la inutilidad de la diversión

La verdad es que, aunque nos neguemos a verlo, sabemos que nuestras acciones están bajando. Por mucho que uno quiera olvidarlo, sentimos constantemente la necesidad de pensar en ello y eso se nos clava en el corazón. La cabeza nos dice que no podemos olvidarnos sin más de los estímulos de las «preocupaciones». Si los escondemos a la fuerza con estímulos de otra naturaleza, solo estamos fingiendo olvidarlos.

Se trata de la segunda opción descrita anteriormente: sustituir un deseo por otro para evitarlo. Si se quedan atrapadas en este mecanismo, las personas muy estresadas irán en busca de otros estímulos más fuertes para eliminar sus preocupaciones. Esos estímulos pueden ser de muy variada índole: comer y beber, música ruidosa y películas de acción, juegos de azar, drogas, actos violentos... Para olvidar un sufrimiento equivalente a diez, deben recurrir a estímulos que valen veinte o treinta, y los necesitan continuamente.

Muchos de esos estímulos desempeñan la función de hacer olvidar la triste realidad. Tanto el alcohol como los excesos con la comida dejan la mente confusa. También hay muchas personas que prefieren dormir, porque mientras duermen consiguen olvidarse de la realidad. También las drogas ilegales se están difundiendo enormemente, pero estas son el peor sistema para olvidarse por completo de la realidad. En los últimos tiempos, ha aumentado de forma considerable el interés por los humoristas. ¿No será porque, cuando uno se ríe a gusto, consigue olvidar las preocupaciones? Mi opinión es que si todo el mundo tiene ganas de reír y sigue con entusiasmo los programas humorísticos –en los que se toma el pelo a otras personas– es porque han aumentado el estrés y la sensación de impotencia.

Además, se nos inculca el deseo de comprar cosas que suministran esa clase de estímulos y, según parece, no son pocas las personas que han empezado a hacer un uso «triste» del dinero.

Por último, es imposible no mencionar aquí la que para los hombres (y, en algunos casos, también para las mujeres) es la vía de escape más utilizada: el sexo.

El sexo posee una carga estimulante que no tiene parangón; es tan fuerte que nos deja fuera de combate.

Como demuestra el ejemplo de los machos «herbívoros», es una opinión generalizada que hoy en día el deseo sexual ha disminuido. Pero, como ya he dicho, más que de un descenso propiamente dicho, se puede hablar de «fingir que no se necesita».

Por un lado, eso se traduce en un aumento enorme del mercado de videojuegos para adultos. La adquisición de productos vinculados al deseo de masturbación masculina siempre ha impulsado la difusión de nuevos aparatos –ya fueran reproductores de vídeo o lectores de DVD– y eso sigue siendo válido hoy en día. Se sabe que el dinero que circula en la llamada industria del sexo no es precisamente calderilla y que los contenidos son cada vez más excitantes.

El motivo que ha permitido crear un mercado tan amplio tiene que ver, sencillamente, con el hecho de que existen personas que sienten el deseo de evadirse de la realidad y que están dispuestas a gastarse dinero para conseguirlo.

Si por una parte tenemos individuos que, a causa de la «presunción» y de la «rabia», fingen no tener deseos carnales, otros muchos desahogan a escondidas su naturaleza extremadamente disoluta. Son las llamadas «dos caras de la misma moneda». En el mercado se introducen productos de naturaleza sexual capaces de inducir «estímulos» cada vez más fuertes y la industria del sexo –que ensalza esos excesos– prospera. Los juegos y los cómics obtienen un gran éxito, pero la palabra «estímulo» puede interpretarse también como «sufrimiento».

Y ese es el límite implícito de la diversión que proporciona una huida de la realidad.

Los motivos que se ocultan tras la sensación de impotencia

Son muchos los que viven sofocando el deseo con una, vamos a llamarla así, «tapa de rabia». Podéis imaginar la «presunción» antes citada como una especie de cola que mantiene esa tapa en su sitio. Por lo general, no se suelta fácilmente cuando se intenta levantarla, porque el orgullo la sujeta.

La *presunción*, por utilizar un término fácil de entender, es el *orgullo*. O, si quisiéramos definir el orgullo con una expresión distinta, podríamos decir «deseo de reconocimiento», ya sea por parte de uno mismo o de los demás.

En otras palabras, la presunción es el estado de ánimo perjudicial de quien desea aumentar, al precio que sea, el valor de su propia existencia, elevar más y más el precio de su propia mercancía... y ser más reconocido por todos.

El estado de ánimo del orgullo está muy relacionado con la sensación de bloqueo y de impotencia que nos afecta a los hombres de hoy en día.

Todos, aunque unos más y otros menos, nos sentimos impotentes en los ámbitos más variados. Es esa sensación de impotencia la que nos hacer sentir como si estar o no estar –ya sea en un contexto social o en el ámbito personal– fuera exactamente lo mismo.

La empresa en la que trabajo, ¿acaso no saldría adelante sin mí?

La persona a la que amo, ¿acaso no sería igual de feliz con otro?

La persona con la que me he casado, mis hijos, mis padres, ¿acaso no podrían pasar sin mí?

Y en todo esto, ¿dónde busco mi sitio?

Aun suponiendo que mis ingresos anuales fueran de cien millones y que me hubiese colgado una etiqueta con el precio de cien millones, o que en calidad de presidente de una gran empresa tuviese muchísimos empleados o que fuese un artista famoso e idolatrado por el público y la crítica... bien, la consecuencia de esa sensación de impotencia sería que me sentiría como si el valor de mi existencia fuese el mismo que el de un don nadie cuyo valor fuera de treinta yenes. Por eso queremos poner a prueba a nuestra pareja, para ver si nos sigue amando por mucho que derrochemos todo nuestro dinero o arruinemos nuestro prestigio de personajes famosos.

Exactamente como hice yo con mi novia de antaño, ponemos a prueba a nuestra pareja para ver si nos ama de verdad aunque nos comportemos de una manera espantosa; y desde el momento en que detestamos la idea de ser amados solo porque lo que atraía a nuestra pareja eran los regalos, decidimos no seguir haciéndolos...

Da igual cuál sea nuestra renta anual: en la parte posterior de esa etiqueta de precio que dice cien o doscientos millones de yenes puede leerse, escrito en caracteres minúsculos y con una caligrafía delicada, «treinta yenes». Y, tarde o temprano, ese precio bajará a veinte, luego a diez y luego seguirá bajando rápidamente hasta llegar a un yen.

Para canalizar esa sensación de impotencia, el estado de ánimo del orgullo se engrandece: ¿no es esa la situación en la que nos encontramos los hombres de hoy en día?

tercer capítulo

FELICIDAD REAL, FELICIDAD FICTICIA

Los mecanismos
que nos hacen infelices

Al fin y al cabo, ¿cuál es el motivo por el que deseamos el dinero? ¿Seguridad? ¿Autodefensa? ¿Control?

Dicho en pocas palabras, lo deseamos para ser felices. O, mejor dicho, para no ser infelices.

Y sin embargo, como habéis podido ver hasta ahora, ese sentido de superioridad que hemos «incorporado» a nuestra mente, a causa de un mecanismo que no es fácil de explicar, no nos dirige hacia una felicidad real, sino hacia una felicidad ficticia que a la postre nos hace infelices.

Ese es nuestro statu quo.

En este tercer capítulo, en el que reflexionaremos sobre el modo de utilizar el dinero para ser felices, quiero hablaros de qué es la felicidad y de por qué terminamos sintiéndonos insatisfechos. La causa principal es, sobre todo, un mecanismo que nos hace ser infelices.

Detener el proceso mental
de reelaboración de datos

Como he dicho hasta ahora, la característica de nuestra mente es la de reelaborar la información a su antojo.

Cambiando la cantidad de dolor o, simplemente, cambiando el contenido de la información, nuestra mente transforma lo que es doloroso en «placentero» y acaba por perder el control.

Lo único que se me ocurre pensar es que estamos programados, como si alguien, al hacerlo, hubiese pensado: «Movida por el estímulo del dolor, y con un placer ficticio como cebo, la humanidad, tras perder el control de sí misma, se empeñará a fondo».

Lo que hace el budismo ante lo que podríamos definir –por así decirlo– como una «trampa del ADN» es aislar el momento en que nuestra mente reelabora los datos e impedir que lo haga, porque mientras siga «instalado» –por así decirlo– el programa de ese karma, no conseguiremos de ninguna manera ser felices.

Como ya he demostrado mediante distintos ejemplos, determinadas personas –a pesar de estar sufriendo– se dejan llevar por el karma y obtienen cierto éxito; dado que a pesar de ese éxito no se pueden definir en absoluto como felices, por dentro se sienten descontentas y están siempre a merced del sufrimiento.

En realidad, y en el mejor de los casos, para la gran mayoría de las personas rendirse al dolor significa fracasar, pues las cosas no han salido como deseaban...

Resumiendo, por mucho que nos convenzamos de que somos felices, en realidad no lo somos. Y, por tanto, las hipótesis son dos: o bien nos daremos cuenta, tarde o temprano; o bien éramos objetivamente infelices desde el principio. En ambos casos, no somos felices. Y lo mismo se puede decir del hecho de que estemos siempre a merced del dolor.

Si lo pensamos bien, es un programa bastante cruel, pero es el que llevamos instalado, por lo que no hay nada que podamos hacer.

Lo único que podemos hacer es supervisar atentamente ese programa y, en el momento en que la mente intenta reelaborar los datos, tratar de frenar la acción.

Reforzar nuestra capacidad de detenerlo es el objetivo de las prácticas ascéticas budistas, aparte de ser un paso en el camino de la iluminación.

El verdadero significado del estado mental del *no-yo*

Antes de seguir con este discurso, es necesario explicar en qué consiste el estado mental del *no-yo*.

Hasta aquí hemos hablado de placer, deseo y sufrimiento desde todos los puntos de vista, y creo que ya habéis entendido que si uno de esos tres elementos avanza de forma espontánea, siguiendo el programa instalado en nuestra mente, el espacio del que dispone nuestra voluntad para intervenir solo puede ser extremadamente limitado.

Al recibir un estímulo y experimentar un sufrimiento, sea cual sea el método que utilicemos –de los que se han mencionado anteriormente– para eliminar ese sufrimiento, tendremos problemas.

Hasta el momento en que nos damos cuenta, todo eso se produce casi de forma automática. No elegimos conscientemente cuál va a ser nuestra reacción. Es más, la reacción es tan veloz que ni siquiera podemos seguirla. Por ejemplo, imaginemos que alguien nos hace un cumplido. Es algo positivo. Para que nuestra mente considere ese hecho como algo que debe hacernos felices, esos datos (los cumplidos) se reelaboran a una velocidad impresionante.

Se suceden los recuerdos de las situaciones en las que nos han elogiado y en las que no: «Aquella vez no me felicitaron de esta forma». «Tampoco aquella otra vez me felicitaron de esta forma». «Esta vez sí que me han felicitado, lo cual compensa el sufrimiento de la otra vez». «El sufrimiento se ha reducido». «Me siento bien». Y así, finalmente, se crea la ilusión del placer.

Al mismo tiempo, pero a un nivel mental aún más profundo, se produce la reelaboración de esos datos: «Por tanto, si actúo de ese modo me elogian. Recibo una respuesta positiva». «Pero si no consigo actuar de ese modo, no recibo aprobación, sino una respuesta negativa». Y así aumenta el sufrimiento.

En otras palabras, por mucho que desde la parte más profunda de nuestro ánimo se nos dicte la orden «Ha aumentado el sufrimiento, ¡venga, sufre!», la parte más superficial nos dicta otra distinta: «Ha disminuido el dolor. Relájate. Sonríe». Y nos dejamos manipular por la orden superficial.

La mente reelabora los datos a una velocidad altísima y, al hacerlo, procede de forma casi automática. El *yo* no tiene espacio para maniobrar: esa es la cruel verdad y la esencia de lo que definimos como *no-yo*.

El *no-yo*, o *estado del no-yo*, como también se llama, suele definirse como algo positivo, pero desde mi punto de vista, más que un estado «positivo» es sencillamente una trágica realidad. A través de la meditación, cuanto más miramos en nuestro interior, más comprendemos que, en cuanto se introduce un estímulo, el corazón reelabora la información a su antojo y produce una reacción también a su antojo. Es un fenómeno tan preciso como una reacción química.

Y, en todo eso, el *yo* no tiene espacio para controlar. Si no somos nosotros quienes llevan el timón, las reacciones se producen de forma arbitraria, gracias a un programa que nada tiene que ver con el *yo*.

Intentemos ahora describir el funcionamiento de ese programa. Debería ser más o menos así:

- Se introduce algo en el «ordenador» que es nuestro cerebro.
- Se produce una reacción arbitraria.
- Una vez que se recibe el mensaje, en la mente empiezan a perfilarse los datos verbales.
- Esos datos pasan por la mente, como si se tratara de una sobreimpresión, y se nos dicta una orden.
- Esa orden sale de nuestra boca.
- Los datos pensados y pronunciados se transforman en impulsos y, una vez más, se graban con fuerza en nuestra mente.
- Todo eso se transforma en un hábito al que acabamos por vincularnos.

Nuestra mente, en realidad, es un programa sencillo: si le proporcionamos datos, irá en esa dirección. No existen diferencias sustanciales entre nosotros y el conejillo de Indias que, tras serle implantado un electrodo en el cráneo, reacciona automáticamente de una forma determinada al recibir un impulso determinado.

Si quisiera expresarlo de otra forma, podría decir lo siguiente:

Si nos muestran productos que nos gustan, recibimos un impulso de intensidad equivalente a diez, nos entusiasmamos y conseguimos olvidar el estímulo desagradable equivalente a cinco. Experimentamos, pues, la ilusión de sentirnos bien, el deseo se activa automáticamente y nos pone en marcha.

A medida que la ilusión de sentirse bien se va debilitando, reaparece también el impulso inicial y queda un sufrimiento de intensidad total equivalente a quince.

Si aumentan aún más los estímulos y se incrementa el sufrimiento, se dicta la orden de «enfadarse». En el rostro aparece automáticamente una expresión de disgusto y el cuerpo reacciona de forma descontrolada.

Por mucho que nos esforcemos en sonreír, no resultamos creíbles y nos ponemos nerviosos. Según el caso, la rabia se expresa a través de las palabras o de los actos. Se envía a nuestro corazón una respuesta en forma de nuevo estímulo. Y ese proceso genera dependencia.

Así, el *estado del no-yo* consiste precisamente en el desmoronamiento de las ilusiones del yo, que se produce cuando de repente nos damos cuenta de que «se nos ha manipulado».

Por decirlo de forma breve, podemos definirlo también como la serena aceptación de que, por mucho que aspiremos a decidir de forma autónoma en nuestra vida, si analizamos el funcionamiento de nuestra mente descubriremos que a cada dato introducido le corresponde una reacción ya establecida y que, por tanto, nuestra vida no se diferencia tanto de la de un robot.

El motivo por el que se propagan las ideas negativas

Los pensamientos negativos tienden a propagarse más fácilmente que los positivos, pero ese fenómeno también es una consecuencia del programa automático de reelaboración de datos que funciona en nuestra mente.

Está claro que nadie quiere estar triste ni tener una actitud negativa por voluntad propia, pero en el momento en que entran las informaciones, se reelaboran arbitrariamente en la base de datos de nuestro pasado y, también arbitrariamente, se transforman en sentimientos desagradables.

Luego, la mente toma la iniciativa de impartir una orden: «¡Tú! ¡Pierde la motivación!». O bien: «¡Tú! ¡Resopla, laméntate!».

Por tanto, no construimos en solitario nuestras reacciones: es como si recitásemos un guion que nos ha proporcionado otra persona. Pero por mucho que sean así las cosas, desde el momento en que se trata de una reacción que procede de nosotros mismos, sentimos la necesidad de convencernos de que es la correcta.

Ya puede tratarse de un pensamiento negativo o de lo que sea: nuestra mente está hecha de tal modo que considera que «lo que estamos pensando es correcto». Así pues, aunque el sufrimiento aumente, nos sentimos tranquilos porque «nuestros pensamientos son correctos» y nuestro ego se ve reforzado.

Por eso, mientras sigamos sin darnos cuenta, el nuestro será el *estado de ánimo de la visión equivocada*, aferrado a alguna opinión negativa. En el ámbito del consumo, nos entran ganas de comprar los productos que refuerzan esas opiniones: por ejemplo, si tenemos «mentalidad conservadora», adquirimos revistas tradicionalistas y ropa clásica.

El problema que surge aquí es que en realidad, sin saber siquiera si son exactas o no, nos aferramos a opiniones que no solo son claramente insensatas desde el punto de vista de cualquier otra persona, sino que incluso a nosotros mismos nos lo podrían parecer.

En algún rincón de nuestra mente, sabemos perfectamente que son erróneas, pero hacemos todo lo posible para autoconvencernos de lo contrario. Y el resultado es que nos vence la angustia.

Así, buscamos amigos que nos confirmen que nuestras opiniones son, efectivamente, justas. Ser los únicos que afirman tal cosa nos angustia, por eso hacemos lo que podemos para que otras personas refuercen la veracidad de nuestras opiniones.

Nada se difunde más rápido, precisamente, que una idea negativa. No hay nada que pase antes a ser del dominio público que un sentimiento negativo, como por ejemplo la ignorancia y la envidia.

Por el contrario, las personas que sostienen opiniones correctas tienden a aislarse porque no necesitan la aprobación de los demás en lo que respecta a la veracidad de sus propias opiniones.

Ahora me gustaría entrar en un discurso algo más teórico: si uno expresa una opinión negativa, esta se convierte en un estímulo para pasar revista en nuestro interior a las cosas que nos hacen sufrir, y nosotros también tendemos a emitir un juicio negativo. Y, de ese modo, generamos a nuestra vez un estímulo en la persona a la que hemos comunicado nuestras opiniones negativas... hasta crear una reacción en cadena. Dicho de otra forma, cuando enviamos algo, debemos tener en cuenta que nuestro interlocutor recibe un impulso. ¿No deberíamos ser algo más consciente de ese mecanismo?

Deberíamos ser más conscientes de que las palabras que salen de nuestros labios llegan a los oídos de nuestros interlocutores, y que las expresiones y los gestos que ellos perciben a través de la vista les estimulan el nervio óptico.

Los mecanismos
que nos hacen felices

Hasta ahora, hemos hablado del hecho de que los estímulos que recibimos nos gobiernan de forma automática. Entre otras cosas, hemos dicho también que gracias al budismo conseguimos bloquear ese sistema «autopilotado» justo en el momento en que la mente «reescribe» las informaciones. Pero... ¿de qué forma se produce?

Mientras os lo explico, reflexionaremos un poco más sobre la relación entre dinero y felicidad.

Condición *sine qua non* para ser felices:
1. Concentración mental

Si nos dejamos cautivar por el «placer» de una ilusión que dura solo un instante, nos entran ganas de comprar cosas inútiles que no necesitamos y aumenta el «ruido de fondo» de nuestra mente. Intentemos, sin embargo, pensar en qué podría consistir una sensación de felicidad más duradera.

Una situación en la que consigamos «concentrar nuestros pensamientos en un único punto» es, sin duda, una situación feliz. Ahí es donde se encuentra la felicidad que no es irreal.

A simple vista, aunque queramos concentrarnos, nuestra mente reelabora los datos a un ritmo tan rápido que prescinde de nuestra voluntad. Y, como ya hemos visto, nuestros sentidos pasan sin interrupción de una cosa a otra. Dada la incapacidad de la mente para controlar ese proceso, la condición necesaria para la felicidad es tratar de detenerlo.

Cuando observemos atentamente la forma en que se desarrolla la reelaboración de datos en nuestra mente, tenemos que asegurarnos de que nuestra mente no se desvíe hacia deseos absurdos. Es cierto que los productos de ocio que he mencionado anteriormente poseen el poder de estimular una fuerte concentración durante un único instante, pero acostumbrarse a esos productos tan estimulantes es peligroso, porque nos veremos en la situación de poder concentrarnos solo en las situaciones en que los empleemos y no en circunstancias que nos ofrezcan estímulos más moderados, como un trabajo normal y corriente o las relaciones personales.

En el mundo existen tareas en las que es fácil concentrarse y otras en las que es difícil. El trabajo en el campo, por ejemplo, se incluye entre los que pertenecen a la primera categoría. En cierta manera, es fácil concentrarse cuando se llevan a cabo tareas sencillas y repetitivas. Por tanto, cuando se desempeñan trabajos de ese tipo se puede aspirar a una felicidad auténtica.

En el ámbito de los trabajos intelectuales, en cambio, y especialmente cuanto más nos acerquemos al terreno de la comunicación, la concentración se vuelve más difícil. En ese sentido, la dirección de empresas y las ventas se consideran trabajos caracterizados por un nivel de dificultad extremadamente alto. Nuestra principal preocupación es averiguar si los demás nos aprueban y, en las profesiones que exigen mantener contacto con los demás, estamos constantemente expuestos a los estímulos que se derivan del hecho de sentirnos apreciados o rechazados. Si conseguimos sentirnos apreciados, nos arriesgamos a que el *adhimāna* (el «orgullo de sentirse superior a quien está a nuestro mismo nivel») incremente el deseo. Si, en cambio, nos rechazan, nos sentiremos mal a causa del sentimiento de inferioridad del *ūnamāna* (el «orgullo de no sentirse demasiado inferior a quien es claramente superior»). El efecto es como el de un electrochoque y desencadena el círculo vicioso del dolor y del placer.

Aunque concentrarse resulte difícil, existen personas que lo consiguen. La «capacidad de concentración» consiste precisamente en eso.

Es la capacidad de impedir que la mente reelabore los datos que recibe y que imparta órdenes. Es la capacidad de impedir que todos esos pensamientos entren en un círculo y se difundan. Es la capacidad de impedir que el pensamiento nos gobierne. El perfeccionamiento de esa «capacidad de impedir» es uno de los principios fundamentales del budismo.

Condición *sine qua non* para ser felices: 2. Asegurarnos de que las cosas salen como queremos

La concentración mental es la premisa básica de la felicidad, pero para alcanzar la felicidad deben darse también otras condiciones.

Una de esas condiciones es que las cosas salgan como queremos.

Creo que, después de haber leído lo que he escrito hasta aquí, todos os habréis dado cuenta de que es algo bastante difícil.

Por ejemplo, habéis decidido dejar de leer solo manga y queréis empezar con lecturas más instructivas pero, muy a vuestro pesar, os encontráis de nuevo leyendo solo manga.

O queréis dejar de fumar, pero no lo conseguís.

O, por mucho que estéis decididos a dedicarle a vuestro hijo palabras amables para pasar un día tranquilo, sin discusiones, le acabáis diciendo algo cruel otra vez.

O, a pesar de haber decidido que este mes no vais a comprar nada inútil, en cuanto salís de compras empezáis a adquirir compulsivamente cosas que no necesitáis para nada.

O, por mucho que hayáis decidido hacer vuestras compras sin reparar en el precio, sin daros cuenta os encontráis contando hasta el último céntimo.

Aunque nuestra intención sea comportarnos de una manera determinada, es frecuente que la mente vaya por otro camino y actúe de forma distinta, porque los deseos mundanos representados por los *klésa* dan pie a estímulos más fuertes que nuestras intenciones y acaban por dominarnos. Si obedecemos a los *klésa*, es posible que obtengamos una sensación placentera limitada a ese instante, pero –obviamente– no se trata de la auténtica felicidad.

Por ejemplo, solo porque la hemos visto en la publicidad, nos entran ganas de poseer una cosa en la que ni siquiera pensábamos antes de que la televisión nos la mostrase. No podemos decir que el hecho de comprarla nos dé la felicidad. La sensación de humillación que nos provoca el «me he visto empujado a comprarla» acaba, inconscientemente, por incomodarnos y hacernos sentir infelices.

Tengo la sensación de que el reciente rechazo del consumismo es una especie de revuelta orquestada por las personas que se han dado cuenta de que la publicidad nos tiende una trampa. Dicho de otra manera, esas personas se han dado cuenta de que se las empuja a comprar cosas que en realidad no tenían la más mínima intención de comprar y han experimentado una sensación desagradable, porque han comprendido que «las cosas no han salido como querían».

Lo mismo ocurre cuando consideráis que algo que os hubiera gustado comprar es demasiado caro y, movidos por la avaricia, no queréis gastar esa cifra. Dado que tampoco en esa situación las cosas han salido como queríais, el sufrimiento aumenta. Por eso, si la primera intención era comprar sin dejaros disuadir por el precio, hacedlo, lógicamente siempre y cuando se dé una de estas dos condiciones (daré una explicación detallada más adelante):

1. Disponéis de dinero en abundancia.
2. Tenéis pocos deseos y son pocas las cosas que os apetece comprar, por lo que parece justo gastar las cifras necesarias para satisfacer dichos deseos.

Sea cual sea el caso, si las cosas no salen como queremos, no conseguimos sentirnos felices en el sentido más estricto de la palabra.

Condición *sine qua non* para ser felices: 3. No tener dudas

Por cierto, ¿estáis satisfechos al cien por cien con vuestro trabajo actual? ¿No habéis pensando ni una sola vez en cambiarlo? ¿Cómo os va a la hora de elegir la ropa? ¿No os ha pasado que, después de haberos decidido por una cosa y haberla comprado, habéis tenido la sensación de que quizá era mejor otra, lo cual os hace sentir culpables? Después de haber aportado vuestra opinión sobre algo, ¿os habéis seguido preguntando si lo que habéis dicho era correcto, o bien os ha preocupado lo que los demás pudieran pensar de vosotros?

En realidad, la característica de nuestra mente es que vaga sin descanso y sin meta. Por utilizar un término budista, se trata de *vicikitsa*, la «duda».

La permanencia de un sentimiento como ese sumerge la mente en el caos y provoca sufrimiento.

Por el contrario, el hecho de darse cuenta de que las cosas que hacemos en un momento dado son sin duda las más adecuadas, se define en términos budistas como *śraddhā*, «fe». Ese concepto se transformó posteriormente en la «fe de creer en el Buda», pero su significado original es «fe de estar convencido de algo», o bien «no tener dudas».

En el caso de las personas que llevan una vida ordinaria, es normal encontrarse en situación de duda.

Poniendo un ejemplo extremo, incluso una persona que haya decidido suicidarse desea, en algún rincón de sí misma, seguir viviendo. Hasta un segundo antes de morir, piensa durante un instante en dejarlo correr. Pero en el momento en que la mente, a la que las dudas han vuelto inestable, se inclina accidentalmente hacia el lado del «querer morir», lógicamente se impone la muerte. Por el contrario, no es imposible que las personas que quieren una existencia alegre también piensen, en algún rincón de su mente, algo como «Estoy cansado... ¿No sería mejor morir?».

Independientemente del objeto de la duda, en la mayor parte de los casos se experimentan sentimientos contrapuestos y, casualmente, el sentimiento predominante es el que prevalece. Por ejemplo, aunque penséis que vuestro trabajo os gusta mucho, en realidad podríais sufrir estrés desde el punto de vista de las relaciones humanas, o preguntaros si no existirá otra profesión más adecuada para vosotros. Son, precisamente, las personas que cometen el error de creerse «felices al cien por cien» las que más riesgo corren en el momento en que la situación se altera. Por mucho que hayáis decidido no ver las cosas que se esconden en el fondo de vuestra mente, puede suceder que cambiéis de repente por el motivo más inesperado y que el sentimiento que habéis reprimido tome la delantera y ya no consigáis interrumpir ese proceso.

Dicho de otra manera, difícilmente podemos pensar que algo va «completamente bien». Por lo general, entre dos alternativas en proporción ocho a dos o siete a tres, nos limitamos a elegir la que prevalece, pero la parte minoritaria siempre amenaza nuestra felicidad.

Eso significa que cuando ambas opciones están más o menos equilibradas, por ejemplo en una proporción de seis a cuatro, la elección nos resultará especialmente dolorosa porque nos vemos obligados a reprimir por la fuerza la parte que se sitúa en el cuatro. Si la proporción se invierte, se desmoronan todos los factores en los cuales nos habíamos basado hasta entonces, y la felicidad se derrumba.

En otras palabras, en el momento en que nos concentramos en una cosa y dicha cosa nos absorbe por completo, de repente cobra forma el pensamiento del «quizá era mejor aquella otra» y, en un abrir y cerrar de ojos, se aleja la sensación de felicidad. Para la felicidad es absolutamente necesaria la *śraddhā,* la «fe»: debemos estar totalmente convencidos de lo que estamos haciendo. Si razonáis de ese modo, cuando hagáis vuestras compras estableceréis ya de entrada las cosas que para vosotros son importantes. De ese modo, no perderéis tiempo con las indecisiones. El hecho mismo de dudar es «estimulante» y, por eso, nuestra mente no puede evitarlo. ¡Pero atención! Volvamos a la columna del «haber» de la que hablaba en el primer capítulo. Ya desde que nacemos, nuestra mente se mueve de un lado a otro a su antojo y va saltando de deseo en deseo. Por eso, es importante mantener la concentración para eliminar esas «dudas». Cuando nuestra columna del haber es muy larga, es fácil pasar de una cosa a otra por mucho que nuestra mente pretenda aferrarse a todo lo que poseemos. Y, por consiguiente, concentrarse se convierte en algo complicadísimo. Las tentaciones aumentan.

De esa forma, se incrementa la sensación de que «las cosas no están saliendo como queríamos». Ya se trate de relaciones personales o de objetos que se pueden comprar, primero queremos una cosa y luego deseamos otra.

En otras palabras: desde el momento en que poseemos tantas cosas, cuando desaparece nuestra condición de «fe» nos convertimos en presa de la sensación de que «las cosas no saldrán como nos habíamos imaginado».

Además, aumenta el ruido de fondo causado por el deseo y, cuando se consume la capacidad de memoria de nuestra mente, la sustituye la incapacidad de pensar con lucidez.

«Esto es mío, esto también es mío, poseer estas cosas me convierte en una persona fantástica, puesto que poseo esas cosas nunca tendré problemas...» Las voces que retumban en nuestra mente son cada vez más fuertes y, al mismo tiempo que nos convencemos de que no vamos a tener problemas, acaba por desmoronarse también la concentración mental indispensable para la felicidad.

Por ese mismo motivo, no os aconsejo que compréis a plazos cosas que están más allá de vuestras posibilidades económicas, porque el trasfondo constante de la suma que aún os queda por pagar acabará convirtiéndose en algo irritante y el exceso de estímulos acabaría por aumentar.

¿Qué hacer, entonces? Temo que si sigo hablando de la forma de alcanzar la felicidad poniendo solo ejemplos negativos, alguien acabará diciéndome que no queda claro cómo hemos de comportarnos. Por tanto, en el próximo capítulo expondré minuciosamente un método práctico.

Cómo mejorar la capacidad de concentración

La práctica fundamental del budismo es la meditación. La primera fase de la meditación consiste en la práctica de la concentración y la segunda fase en la práctica de la introspección sobre la base de la concentración alcanzada.

Es frecuente que, al principio, se adopte un método que incluye ser consciente de la respiración. Se trata de una de las técnicas básicas para facilitar la concentración. La concentración es siempre el primer paso de las prácticas ascéticas budistas. Y eso demuestra que, en un estado de concentración, existe la felicidad.

En la concentración se encuentra la felicidad

En la vida cotidiana –por ejemplo, en una conversación entre dos personas durante la cual la concentración recíproca aumenta o se debilita–, la capacidad de concentrarse cambia constantemente. A veces, cuando estamos muy pendientes el uno del otro, nuestras mentes «conectan» sin necesidad de prestar especial atención a lo que se dice.

Creo que todos hemos vivido más de una vez la experiencia de estar completamente absortos en una conversación hasta el punto de no prestar demasiada atención a la opinión que los demás se formen de nosotros, a si aumentan nuestros méritos o a si estamos quedando bien. ¡No es necesario insistir en lo felices que nos hace algo así!

En un intercambio normal de información durante el cual tenemos la sensación de estar conversando amablemente, en realidad estamos a merced de estímulos como: «¿Mi valor habrá aumentado o disminuido?». Por otro lado, confundimos la idea de «Ah, es fantástico poder hablar así. Es fantástico que se me aprecie» con una «sensación de bienestar». En realidad, se trata de un error. Si nuestro interlocutor no está de acuerdo con lo que hemos dicho y la conversación no fluye, experimentamos de nuevo la penosa sensación de no sentirnos aceptados. Y puesto que nos damos cuenta, por mucho que parezca que estamos manteniendo una agradable conversación, en realidad experimentamos dolor de manera inconsciente.

Si, tras haber mantenido una conversación agradable con alguien, nos sentimos agotados, significa que no nos hemos concentrado en la conversación propiamente dicha, sino que solo hemos recibido una estimulación del ego.

La sensación de felicidad que deriva de la concentración también se puede experimentar mientras se trabaja.

Por ejemplo, concentraos aunque solo estéis realizando una tarea de mecanografía. Evocad en vuestra mente una ocasión en la que os hayáis concentrado en esos movimientos de la mano. Dejad de pensar en que esa tarea no os corresponde a vosotros, o en lo que haréis una vez que hayáis terminado. Cuando estéis completamente absortos en las cosas que tenéis que hacer

pletamente absortos en las cosas que tenéis que hacer –no en las cosas que *queréis* hacer, sino en las que *debéis* hacer–, concentrados en la sensación de los dedos sobre el teclado y de los ojos al observar los caracteres que vais escribiendo, os olvidaréis del paso del tiempo.

Y lo mismo puede aplicarse a las tareas de limpieza. Antes de empezar, os parece una tarea muy pesada, pero en cuanto os pongáis a ello y os concentréis solo en los movimientos del cuerpo, poco a poco se os antojará una tarea divertida y ya no podréis dejarla.

Si nos concentramos en el punto en que se forma un estímulo, el pensamiento se detiene

Hay quien afirma que, en lo tocante a tareas sencillas y repetitivas como las que acabo de mencionar, se trata de trabajos en los que es fácil concentrarse a fondo. No es del todo cierto: en realidad, es necesario aprender a concentrarse también en situaciones que no parecen especialmente estimulantes. En el budismo, empezar la meditación por el control de la respiración es un recurso para desarrollar una capacidad elemental de concentración. En definitiva, nos ejercitamos para conseguir concentrarnos en todos los sentidos. Nos concentramos en la vista, en el oído, en el olfato y en el gusto. Luego nos concentramos también en las sensaciones del cuerpo: frío, calor, dolor y picor.

Así, aunque me pique un mosquito, no pasa nada. Es más, estoy preparado para que no me suponga ningún problema. El otro día, cuando estaba en el parque, los mosquitos me picaron por lo menos treinta veces, pero permanecí impasible. Obviamente, no es que no sienta el picor. El picor es picor. Pero, básicamente, lo que definimos como picor no es más que un estímulo, que la mente reelabora asociándole una reacción.

Lo que entendemos por «picor» también es un tipo de dolor. Aunque se trata de un dolor más bien leve, el picor se reconoce como tal porque en el cerebro se reelabora y clasifica según los criterios de un dolor y, por tanto, la mente reacciona así: «¡Ah! Esto es un dolor. ¡El dolor es negativo! ¡Hay que eliminarlo!». Y entonces, ¡zas!, se desencadena una especie de descarga eléctrica y la mano se pone en movimiento y empieza a rascar. Lo que ocurre cuando os rascáis es que aplicáis un estímulo más fuerte a un dolor minúsculo: al estímulo minúsculo que es el picor (de intensidad equivalente a diez) aplicáis un estímulo más fuerte (de intensidad equivalente a treinta) y, de esa forma, obtenéis la ilusión de estar bien, de haber olvidado el picor. Cuando entendáis ese mecanismo, podréis dejar que los mosquitos os piquen treinta veces y soportar tranquilamente el picor.

En otras palabras, lo más importante es interrumpir la reelaboración de los datos iniciales. Para bloquearla, basta con concentrar la atención en ese picor. Basta con canalizar toda vuestra atención hacia el punto en el que experimentáis picor.

Normalmente, se piensa que «picor» equivale a «malestar», pero si os concentráis en el punto en el que experimentáis ese picor, podréis aislar también ese momento en el tiempo, el instante entre la aparición del picor y la orden de «experimentar malestar». Dado que esa orden suele ser un pensamiento, es decir, algo que ha pensado el cerebro, basta detenerlo. Detener el pensamiento.

Para interrumpirlo, simplemente hay que concentrarse en el estímulo. Y, de ese modo, el proceso se detiene de una forma natural.

«Libera tu mente de todo pensamiento mundano y descubrirás que incluso el fuego está frío.» Esa es la frase incomparable que pronunció el monje budista Kaisen Kokushi (Jōki), ya maestro de Takeda Shingen, cuando lo estaban quemando vivo las fuerzas armadas de Oda Nobunaga. Desde entonces, esta frase se ha utilizado para burlarse del budismo, pero decir que incluso el fuego puede no ser doloroso es la pura verdad.

Curiosamente, la frase completa es: «Una meditación serena no necesita ríos ni montañas. Libera tu mente de todo pensamiento mundano y descubrirás que incluso el fuego está frío».

Nadie dice que solo se pueda meditar serenamente con un acogedor y bucólico paisaje de fondo: si se interrumpe la reelaboración de datos en la mente, puede que meditar en el fuego no resulte doloroso.

En otras palabras, si nos concentramos por completo en las informaciones de entrada –también podemos hacerlo parcialmente: si nos concentramos en el treinta por ciento, interrumpimos el treinta por ciento– detenemos la reelaboración de datos y no le prestamos atención.

Y de ese no prestar atención nace la libertad.

Podemos rascarnos, pero nuestras manos ya no se mueven automáticamente: debemos ser capaces de distinguir conscientemente el límite y *decidir* que queremos rascarnos.

Las reglas para concentrarse en la vida cotidiana

Volvamos a la «concentración en los estímulos». El objetivo de nuestra concentración es, sobre todo, la respiración. Luego vienen los cinco sentidos: vista, oído, olfato, tacto y gusto. De entre ellos, el tacto es una sensación *física*. También son «sensaciones físicas» las que experimentáis cuando llegáis tarde o cuando os sentís «obligados» a comprar algo que, muy probablemente, no hubierais comprado en otras circunstancias. En el instante en que aparece una sensación de ese tipo, nos concentramos en esos impulsos y se desencadena de inmediato una descarga eléctrica por la que nos dejamos llevar.

En la vida cotidiana, recibimos a diario muchísimos estímulos a través de la vista, del oído y de las sensaciones físicas. Si nos concentramos en ellas de manera consciente, conseguiremos detener los movimientos arbitrarios de la mente.

Por ejemplo, nos gobiernan las expresiones faciales y el timbre de voz de nuestro interlocutor; o la sensación de si una persona nos aprecia o no. A primera vista, podría parecer que ya nos hayamos hecho una idea de esos aspectos, dado que los hemos observado bien, pero no es así porque, en realidad, hemos observado y escuchado de forma distraída.

Y, puesto que estamos distraídos, la reelaboración de esas informaciones se produce de manera automática, estimulando así sentimientos presentes en nosotros, como el complejo de inferioridad o la rabia. De ese modo, se desencadena el sufrimiento.

Más que hacer consideraciones, nos encontramos en una situación en que, por así decirlo, se nos «obliga a hacer» esas consideraciones.

Por eso, lo más importante es impedir que las informaciones que nos llegan a través de los cinco sentidos se queden atrapadas en el sistema automático de reelaboración de datos de nuestra mente. De ese modo, transformaremos una situación en la que el reconocimiento de las informaciones se produce automáticamente, en otra situación en la cual observamos o escuchamos atentamente, de forma consciente.

En realidad, no es tan difícil. Imaginad, por ejemplo, que entráis en una tienda: si no queréis que os hagan comprar cosas que no tenéis la más mínima intención de comprar, concentraos un poco y observad las expresiones del dependiente.

¿Está empujando a su interlocutor a sonreír forzadamente? ¿Está moviendo los labios a una velocidad supersónica? Si su interlocutor se muestra nervioso, ¿arruga la frente o tensa los músculos? Si prestáis atención a esos detalles y recogéis datos que en condiciones normales no soléis percibir, disminuirán las distracciones a las cuales estáis expuestos. Y eso sucede porque pensar y concentrarse no son acciones compatibles. No se trata únicamente de reducir las distracciones, sino también de estar en condiciones de juzgar con precisión.

Acostumbraos a recoger datos hasta de la respiración de vuestro interlocutor –agitada o calmada– y de los cambios en su tono de voz –la sube o la baja–. Dicho de otra manera: si observáis y escucháis, no solo os resultará más fácil concentraros, sino que conseguiréis recoger mucha información valiosa. He escrito antes que en un trabajo sencillo y repetitivo es fácil concentrarse. En un trabajo que se base en la comunicación, o en un trabajo de tipo empresarial, concentrarse es más difícil, pero no imposible. Simplemente, se requiere un nivel de concentración más alto.

Si lo intentáis, entenderéis que hasta que no tengáis la disposición de ánimo necesaria para concentraros, escuchar y observar atentamente, os perderéis continuamente en pensamientos vagos. La mente tiende a distraerse continuamente porque está programada para aumentar el deseo y la rabia.

En realidad, por mucho que os esforcéis en concentraros, de cada segundo pasáis cerca de ocho décimas pensando en otras cosas. Tratándose solo de un segundo, no hacéis demasiado caso y seguís aspirando a concentraros.

Pero por mucho que penséis que estáis concentrados y absortos, y que os sintáis cómodos al hacerlo, en realidad de cada segundo que pasa vuestra concentración no ocupa más de dos o tres décimas. Y, sin embargo, es suficiente para permitiros saborear una sensación de alegría. Puesto que normalmente no se alcanza ni siquiera ese nivel de concentración, es natural sentirse infeliz.

Cuando consigáis razonar en esos términos, habréis entendido que para ser feliz no hace falta «comprar». Poned un poco de orden en lo que coméis, en lo que poseéis y en la casa en la que vivís, y luego añadidle la concentración mental: solo así conseguiréis ser felices.

cuarto capítulo

CÓMO UTILIZAR EL DINERO PARA SER FELICES

Utilizar el dinero de una forma que nos hace infelices

Hasta ahora, he hablado de los mecanismos que se encuentran en la base del deseo y de los que se encuentran en la base de la felicidad. En este capítulo, en cambio, y partiendo de los mecanismos que gobiernan nuestra mente, quisiera hablar de la forma más detallada posible acerca de cómo gastar el dinero para ser felices y de cómo vivir libres del dinero... independientemente de que se tenga más o menos.

Utilizar el dinero de una forma que confunde la mente

En primer lugar, me gustaría que recordarais los requisitos indispensables de la felicidad que he enumerado en el tercer capítulo: *concentración mental, hacer que las cosas salgan como queremos y no tener dudas*. Partiendo de esos valores, aclararemos en qué consiste utilizar el dinero de una forma que nos haga felices.

Este concepto es más fácil de comprender si intentamos fijarnos en el caso opuesto, como hemos hecho hasta ahora. Antes de nada, detengámonos a analizar la forma de usar el dinero «que confunde la mente».

Con esa expresión, me refiero a un empleo del dinero en actividades que parecen mucho más interesantes y estimulantes que la «realidad», de manera que nos proporcionan estímulos más fuertes.

Emplear el dinero en la pornografía es un típico ejemplo de consumo de un servicio pensado para ampliar las ilusiones. También las drogas y las apuestas de grandes sumas son una trampa en la que suelen caer las personas que siempre están buscando estímulos. Puede que no sea ese vuestro caso, pero abusar de las bebidas alcohólicas o buscar otros estimulantes –ya sean novelas, películas, manga o videojuegos– son medios para obtener exactamente lo mismo.

Obviamente, cuando estáis totalmente absortos y concentrados en un videojuego en el que aparece sangre por todas partes, conseguís en cierta manera evadiros de la realidad. Pero, desgraciadamente, la «concentración» que se obtiene de un cóctel tan explosivo de deseo y rabia no dura mucho. Y no dura mucho porque cansa. También puede ocurrir que la liberación prolongada de dopamina provoque un estado de trance y, a la larga, la muerte. La dopamina es una sustancia que crea una ilusión de bienestar haciendo que el corazón nos lata muy deprisa y aumentando, en realidad, nuestro sufrimiento. Aunque durante esas circunstancias experimentemos una sensación de placer, lo único que nos quedará será un gran cansancio.

La concentración «fija la mente en un punto». Por eso, en la terminología budista, ese término se expresa en japonés con el mismo ideograma que «fijar». El tipo de concentración propiciado por la liberación de dopamina, en cambio, se define como «meditación mala».

¿Por qué necesitamos estímulos violentos hasta el punto de que nos hacen daño? Porque a medida que el deseo y la rabia se vuelven más fuertes, ya no conseguimos que la normalidad nos satisfaga, ni tampoco podemos concentrarnos en lo que nos provoca estímulos de intensidad moderada.

Puesto que no nos sentimos satisfechos de la persona «ordinaria» con la que estamos, recurrimos a otras formas de entretenimiento sexual; puesto que no nos sentimos satisfechos de las relaciones personales que establecemos en el ámbito de nuestra realidad «ordinaria», nos entran ganas de leer novelas que relatan situaciones extremas; y puesto que no conseguimos concentrarnos con los sonidos de la naturaleza de fondo, cuando vamos a la montaña escuchamos música punk con los cascos.

Y, de ese modo, bloqueamos el flujo de las informaciones que nos llegan de la realidad y nos convencemos de que sustituir esos datos a nuestro antojo nos hace felices.

Lo más triste es que de ese modo acabamos por no ser capaces de concentrarnos en las palabras de un interlocutor real, ni en el trabajo que estemos desarrollando en ese momento, ni en la comida que tenemos delante de los ojos... En resumen, no conseguimos concentrarnos adecuadamente en las cosas normales, es decir, en las cosas que pueden hacernos felices de verdad.

Llegados a este punto, os voy a hacer otra confesión sobre mi loco pasado (me vienen a la mente tantos episodios de ese pasado que empiezo a avergonzarme). Ya os he contado que cuando aún era estudiante, estaba tan confuso que no hacía más que comprarme ropa. En realidad, en aquella época no compraba solo ropa, sino también manga y sesudos tratados de filosofía occidental. Los libros de filosofía me resultaban muy estimulantes. Después de haberlos leído, creía haber entendido algo y, mientras saboreaba la ilusión de sentirme superior, mi mente se hundía en el caos, me dolía la cabeza y tenía los hombros rígidos. Y todo porque había asimilado una mezcolanza de informaciones disparatadas y me había construido con ellas mi propia lógica, basada en las premisas que mi joven ego había creado a su antojo.

En otras palabras: aunque la sacudida generada por los estímulos que campaban a sus anchas por mi joven cerebro podría justificarse diciendo que los libros de filosofía occidental me habían proporcionado muchos puntos de vista nuevos, al exponerme a toda aquella información confusa solo había conseguido confundirme a mí mismo. Junto a aquellos tomos, en los estantes de mi librería se acumulaban también volúmenes de manga un poco picantes y otros de temática fantástica. Al leer todo esto, me compadezco de mí mismo: es ahora cuando me doy cuenta, pero en aquella época mi mente era de verdad presa de la confusión. ¡Qué situación tan absurda!

Es mejor elegir menos estímulos y concentrarlos

Básicamente, la diversión «engatusa» a la mente a través de estímulos poderosos y, al despertar momentáneamente deseo o rabia, genera en las personas un tipo de concentración que dura poco.

Esta concentración fugaz nos proporciona una ilusión de bienestar, pero en realidad lo que hace es cansarnos. Es más, si no añadimos estímulos nuevos, el deseo se bloquea y perdemos la capacidad de concentrarnos, iniciándose así una espiral imparable.

¿Cómo salir de ese túnel? Lo primero que debemos hacer, cuando tomamos nuestras decisiones cotidianas, es liberarnos del esquema «estímulo → reacción» e intentar elegir lo que aparentemente no genera estímulos (aunque, a decir verdad, sea cual sea el estímulo que recibamos, lo más importante es conseguir que la mente no sufra las consecuencias. Para más información sobre esta cuestión, os remito al capítulo anterior). Cuando compremos un libro, por ejemplo, en lugar de elegir uno que nos agite, orientémonos hacia una lectura que nos permita analizar a fondo nuestra mente o mejorar en nuestra profesión. Cuando elijamos una película, en lugar de un *thriller* o un film policiaco, vayamos a ver uno que nos permita sonreír tranquilos.

O, si la duda radica en elegir entre un aspirador o una escoba, elegid la escoba, porque al usarla moveréis las manos y limpiaréis acompañados de una especie de «sentido de la realidad». Como ya he explicado, eso favorece la concentración.

Si cambiáis el punto de vista, también cambiará radicalmente esa forma vuestra de comprar que antes dabais por sentada.

Comprad lo que necesitéis, no lo que os apetezca

El primer paso hacia una utilización del dinero que os conduzca a la felicidad consiste en distinguir entre las cosas que el deseo os hace creer que queréis y las que de verdad necesitáis. Es en esas últimas en las que debéis gastar vuestro dinero.

Esto sucede porque, en la actualidad, tendemos a relegar a un segundo plano las cosas que necesitan nuestro cuerpo y nuestra mente reales, y a dar preferencia a las cosas que deseamos que nos estimulen virtualmente.

Así pues, ¿cuáles son esas cosas que necesitamos de verdad? ¿Y cuáles las que nos apetecen?

Sacrificar las cosas importantes para ahorrar dinero o para gastarlo en lo que os apetezca

El que tiene hambre necesita comida, pero los habitantes de Japón –la inmensa mayoría, al menos– tiene comida al alcance de la mano en casi cualquier momento. Por lo tanto, ya no se ambiciona como en otras épocas.

Aunque la alimentación es necesaria, pensar en la comida no causa bastante sufrimiento y, por ese mismo motivo, es difícil que la comida se convierta en objeto del deseo.

Contrariamente, las cosas que nos apetecen son las que con toda probabilidad no nos sirven de mucho, pero las deseamos porque tienen un valor elevado a causa de su rareza y, por tanto, de la dificultad que supone conseguirlas. Dicho de otra manera: cuanto más sufrimos por no tenerlas, más aumenta nuestro deseo de poseerlas.

Hoy en día, la crisis económica ha propiciado que todos compartamos el miedo de volvernos pobres de un momento a otro. Pero las personas, en lugar de eliminar esas cosas a las que deberían renunciar, tienden a ahorrar en las cosas necesarias. Tomemos el ejemplo de la alimentación: es la base de nuestro sustento, puesto que es fundamental para nuestra supervivencia y para nuestra salud, pero nos contentamos con una hamburguesa de cien yenes o con un paquete de *ramen* instantáneo. Sería muy distinto si nos viéramos obligados a comer así de mal porque de verdad nos faltara el dinero. Pero no, parece que aumenta el número de personas que, a pesar de ganar lo bastante como para poder permitirse comida decente, comen alimentos de mala calidad solo para poder comprarse otras cosas que no son necesarias, o porque necesitan estímulos o quizá porque quieren ahorrar para poder aumentar su propio valor «virtual».

Lo mismo ocurre con la ropa: muchas personas compran prendas de mala calidad, con la única condición de que sean más o menos presentables. No se preocupan de que sean de calidad ni siquiera en el caso de la ropa íntima, que está en contacto directo con la piel. Las tiendas que venden productos a precios reventados son cada vez más populares.

Probablemente, se prefiere gastar dinero para la casa. Son muchas las personas que, por orgullo, no vivirían jamás en una chabola sin bañera.

No es cierto que para darle a nuestra casa una apariencia realmente «habitable» y crear un ambiente confortable en el que vivir haya que gastar dinero, como tampoco es cierto que para el bienestar de nuestro cuerpo sea mejor un apartamento de lujo que una casa vieja. Y, sin embargo, parece que elegimos la vivienda basándonos en la impresión virtual que nos proporciona «vivir en un sitio así».

Por eso, son muchas las personas que se gastan la mitad de su salario en pagar el alquiler. O que, con un sueldo neto de ciento veinte mil yenes, eligen vivir en una casa cuyo alquiler es de cien mil yenes mensuales.

Esta actitud es claramente antinatural. Si se vive en una casa de cien mil yenes al mes, con muebles y decoración de lujo, hay que llevar un estilo de vida acorde. En cambio, esas personas acaban comiendo *ramen* instantáneo y comprando alimentos de mala calidad repletos de pesticidas.

Hasta ese punto nos puede llevar el deseo. Algo tan sencillo y esencial como una casa se convierte en una forma de entretenimiento para estimular el ego.

La agradable sensación de utilizar el dinero para las cosas adecuadas

El dinero no se utiliza solo para el alquiler, sino también para objetos y actividades estimulantes que satisfacen los caprichos del deseo. Solo una parte mínima de ese dinero se emplea en cosas que nos permiten vivir de forma saludable. Desgraciadamente, se trata de una situación generalizada y la enorme inversión en los sectores que producen estímulos excitantes, como el alcohol, los juegos de azar o el entretenimiento sexual explica por qué esos sectores constituyen una auténtica industria que, además, es tremendamente rentable.

Dado que es precisamente eso lo que está ayudando a reproducir a gran escala una sociedad que se basa en el deseo y en los estímulos, es difícil experimentar la profunda satisfacción de haber hecho «un buen uso del dinero» y de haber conseguido concentrarse.

Para ahorrar, son muchas las personas que compran y consumen verduras a muy bajo precio, por lo general cultivadas en el extranjero. En cambio, los productos que los agricultores locales han cultivado con tanto amor –y, sobre todo, con un gran respeto por el medio ambiente– no se venden.

En el mundo existen personas que dedican tiempo y esfuerzo a producir ropa, alimentos, artículos de papelería, muebles, vajillas o libros de buena calidad que además son útiles. Si nos esforzamos por comprar productos mejores, podremos pensar que estamos entregando nuestro dinero a personas que fabrican productos de calidad y eso nos dará serenidad interior.

Quiero que os alejéis de esa mentalidad avara que reprime vuestras necesidades materiales, que os hace obsesionaros con el dinero y contentaros con cosas baratas solo para poder satisfacer vuestros deseos.

Las cosas en las que no se puede ser avaro

Si quisiéramos definir las cosas que «necesitamos» y las cosas que simplemente «queremos», podríamos decir que las cosas necesarias son, por lo general, las relacionadas con nuestro sustento, o las que tienen que ver con la alimentación, la ropa y la vivienda. Dado que para mantenernos tenemos que trabajar, todo lo relacionado con el entorno del trabajo como utensilios, instrumentos y gastos de estudios, ocupa como es lógico una posición privilegiada en el orden de prioridades.

Si nos cansamos, a veces nos entran ganas de gastar dinero para «relajarnos». En esos casos, tendemos a «evadirnos» mediante diversiones en exceso ruidosas, pero lo que en realidad conseguimos es aumentar el sufrimiento: es el caso de los viajes caros al extranjero o de las celebraciones y diversiones estimulantes que, aunque solo sea por el hecho de que después nos sentimos aún más cansados, no se pueden definir como vacaciones.

Por eso, si decidís gastar dinero e ir a algún sitio «para relajaros», no olvidéis que vuestro objetivo es relajar tanto el cuerpo como la mente.

A veces, separarnos de nuestros «haberes» y pasar el tiempo solos en un lugar distinto al de «la casa de siempre» puede ser una ocasión perfecta para observarnos a nosotros mismos con una nueva mirada y «reponernos».

El «impulso» de ahorrar dinero, economizar, ser avaros

Los motivos que nos impulsan a ser avaros con las cosas necesarias hay que atribuirlos a la inquietud que nos despierta el futuro: por querer ahorrar para el día de mañana, no gastamos el dinero en las cosas que necesitamos hoy. Pero si guardamos el dinero pensando en la vejez y, para ello, reducimos los gastos necesarios para nuestra supervivencia, ¿acaso no estamos confundiendo nuestras prioridades?

Puede suceder que, en nombre del ahorro, el dinero se convierta en una auténtica obsesión y que el deseo de guardarlo nos impida comprar bienes de consumo básicos. El ahorro, lo mismo que el despilfarro, se convierte en un poderoso «impulso» que pone en marcha el círculo vicioso del «dolor-placer».

Como ya he dicho antes, el dinero ejerce sobre nosotros la fascinación que supone «dominar el mundo» y «expresar nuestro valor» y, en el fondo, todos tenemos tendencia a no querer separarnos de él. El mismo control obsesivo de los gastos se convierte en un estímulo que nos hace pensar: «¡Qué bien lo he hecho! ¡He conseguido ahorrar tanto!». Quien desarrolla una dependencia de esa clase de estímulos está afectado por ese deseo mundano que es la avaricia. El afán de dinero se impondrá a los deseos materiales y el objetivo pasará a ser acumular dinero.

Por el contrario, ¿qué podemos decir de la tendencia a derrochar, provocada por la codicia? Aquí también se intuye la presencia de un estímulo violento. La idea de que vuestro queridísimo dinero –que intentáis utilizar lo mínimo posible– disminuya os desboca el corazón y crea un poderoso estímulo. Por eso, el cerebro transforma ese estímulo de dolor en una sensación agradable y establece una dependencia.

Para no caer en la trampa de esos dos polos opuestos, debemos alcanzar un estado de ánimo tranquilo y no reaccionar ante los estímulos.

La «lista de las cosas necesarias» y la «lista de los deseos»

¿Cómo distinguir las cosas necesarias y las cosas que el deseo nos impulsa a desear? Mi consejo es que intentéis hacer una lista de cada categoría.

Trazad una línea vertical en el centro de un folio y escribid en una columna las cosas necesarias y, en la otra, las cosas que deseáis, siguiendo un orden de prioridades. Si las cosas de ambos grupos se pueden agrupar en prendas de vestir, alimentación, vivienda y trabajo, sería ideal que trazaseis también líneas horizontales y procedieseis categoría por categoría.

Enumerar las cosas útiles y las cosas que deseamos

Si intentáis poner en práctica ese consejo, según el nivel de calma o de estimulación que esté viviendo en ese momento la mente, las cosas útiles y las que se desean cambian, por lo que clasificarlas resulta difícil.

Por ejemplo, la vajilla pertenece a la lista de las cosas necesarias, pero los platos especiales, de marca, que cuestan diez mil yenes, van en la lista de los deseos. Al mismo tiempo, sin embargo, contentarse con artículos de cien yenes significa desatender lo necesario.

En otras palabras, dentro de las cosas necesarias surge la necesidad de distinguir entre las verdaderamente necesarias y las que nos gustaría poseer, movidos por el deseo. Se trata de una cuestión muy compleja. En cualquier caso, eso no significa que no debáis comprar las cosas que deseáis; solo que si dais prioridad a los deseos antes de haber terminado de satisfacer las necesidades, vuestra mente se hará un lío.

Establecer un orden de prioridades

La línea que separa las cosas que deseamos de las necesarias es muy sutil y, en último término, podríamos tener la sensación de que necesitamos una gran cantidad de cosas. Una vez terminada la lista, lo ideal sería redactar un orden de prioridades, pues también entre las necesidades existe una jerarquía.

Intentad, pues, establecer una clasificación, aunque sea incompleta y aunque no estéis convencidos de que sea realmente ese el orden exacto de vuestras necesidades.

Además, si queréis asumir un punto de vista verdaderamente objetivo, puede ser buena idea asignar a cada cosa una puntuación de uno a cinco, según el nivel de «necesidad» y de «deseo».

Un ejemplo, en lo tocante a los propios deseos: «salir de copas con los amigos» (5), «tener un perrito» (4), «comprar una consola de videojuegos nueva» (3), «comprar ropa nueva» (2) y así sucesivamente. Mejor aún: añadid el motivo por el cual deseáis gastar vuestro dinero comprando cada una de esas cosas.

«¿Por qué quiero salir de copas con los amigos? (5)

Porque así me libero del estrés que acumulo cuando las cosas no me van bien en el trabajo.»

«¿Por qué quiero comprarme ropa nueva? (2) Porque quiero pavonearme delante de una persona con la que he quedado la semana que viene.» Si explicitáis el motivo que os impulsa a comprar algo en concreto, la mente puede convencerse de que, en realidad, no tenéis una necesidad urgente de comprar ropa y, en ese caso, se desprenderá voluntariamente de ese deseo.

En lo tocante a las cosas que no conseguís eliminar por mucho que os esforcéis, mi consejo es satisfacerlas. Punto.

Además, cuando descubráis que deseáis algo, anotadlo en un cuaderno y así mantendréis actualizada vuestra «lista de deseos».

«¿Por qué quiero un ordenador nuevo? (4) Porque he visto la publicidad en la tele y me he dado cuenta de que a mi ordenador de ahora le faltan muchas funciones.» De ese modo, vuestra lista se convertirá en una especie de «diario» de vuestros deseos y resultará un ejercicio útil para observar qué clase de persona sois.

¿No os parece completamente absurdo que, comparada con lo que se gasta en ocio y en la casa, la suma reservada a la alimentación sea extraordinariamente baja? Si enumeráis las cosas que os son necesarias y mantenéis la lista siempre actualizada, conseguiréis tener bajo control el uso que hacéis del dinero y reparar en detalles como el que acabo de comentar.

Además, encontraréis la manera de reconsiderar las cosas realmente necesarias. Comparad la lista de las cosas necesarias con vuestros gastos y, si os dais cuenta de que no encajan, podréis empezar a pensar en la manera de poner remedio a esa «discordancia».

Si os dais cuenta de que sois esclavos del dinero, finalmente tendréis la posibilidad de encaminaros hacia un uso del dinero que os libere de esa esclavitud.

Mi rica vida de pobre.
Segunda parte

Ya habéis distinguido entre las cosas necesarias y los deseos: lo que tenéis que hacer de ahora en adelante es usar el dinero para las cosas necesarias. Satisfacer vuestras necesidades.

En estos casos, no compréis una cosa antes que otra solo porque cuesta menos. Es importante que compréis productos de buena calidad, porque los usaréis durante más tiempo. Además, las cosas necesarias de verdad no son tantas. Así pues, sin que sea necesario recurrir a los productos de marca, comprar productos de calidad no os supondrá dificultades en el nivel económico.

Poniendo como ejemplo mis propias compras, os explicaré en qué consiste comprar productos de calidad.

Las cosas indispensables
para el espacio en el que se medita

Justo cuando escribía este libro, estuve presente en las reformas del edificio que he adquirido para convertirlo en un templo. Lo primero que hubo que arreglar fue el tatami. Dado que los encuentros de meditación *zazen* eran el objetivo principal, elegí un tatami en el que poder sentarse cómodamente. Un tatami resistente hecho de juncos de producción nacional, trenzados a mano, costaba como es lógico mucho más que la versión más barata de las tiendas, pero puesto que lo usaremos durante mucho tiempo, finalmente me decanté por el segundo más caro. (Por suerte, uno de los fieles realizó una donación para poder comprarlo.)

Luego se presentó el problema de tapar las ventanas. Para protegerme del sol en mi vivienda me basta con los estores de bambú, pero a fin de que las personas que meditan se sientan lo más a gusto posible para poder desarrollar cómodamente las prácticas *zazen*, intenté mejorar ese aspecto. Al principio pensé en instalar persianas hechas a medida, pero el presupuesto para una sola persiana era de quinientos mil yenes. Dado que el precio aproximado que había pagado por todo el edificio no llegaba al millón de yenes, un gasto tan elevado me parecía impensable. Finalmente, combiné cortinas de bambú con persianas de producción en serie y el gasto total fue de seiscientos mil yenes para todas las ventanas. Estuqué la pared yo solo. Los ingredientes para preparar el estuco no son baratos, por lo que me salió más caro que empapelar la pared. Pero dado que se trataba de un espacio dedicado a la meditación, quería crear las condiciones necesarias para facilitar la relajación de la mente. Así, pensé que sería mejor un estuco hecho de componentes naturales. Encargar ese trabajo a alguien me hubiera salido muy caro, por lo que apliqué el estuco yo solo, con la única ayuda de un amigo. No se puede decir que el resultado final sea estéticamente perfecto, pero hacer algo nosotros solos, sin el apoyo del dinero, proporciona una gran satisfacción.

La iluminación consiste en lámparas incandescentes. En realidad, los fluorescentes duran más y consumen menos, pero aparte del hecho de que personalmente prefiero el tipo de luz de las lámparas incandescentes, también las elegí porque en los encuentros de meditación *zazen* la luz deslumbrante de las lámparas fluorescentes me parecía totalmente inapropiada.

Después de haber comprado el edificio y de haber reformado el interior, me quedé prácticamente sin blanca. Pero el hecho de que no me sobrasen más que unas cuantas decenas de miles de yenes no me supuso ningún problema. Es más, me quedó la satisfacción de haber empleado todo el dinero en una causa justa. Puesto que no iba a gastarme ese dinero en mí, sino en algo público, no se trataba de un estímulo para mi ego y, por tanto, me sentí en paz conmigo mismo.

Haya o no haya dinero, el propio «yo» no cambia

Si bien me gasté todo mi patrimonio en el templo, mi modo de vivir no ha cambiado en absoluto. Desde entonces, mis haberes no han aumentado y mi habitación sigue estando casi vacía. Pero cuando es necesario, me gasto lo que haga falta sin preocuparme. Y eso me proporciona una sensación de felicidad y de realización.

Si cuando teníais poco dinero ahorrabais en todo y cuando teníais mucho os faltaba tiempo para concederos caprichos, el dinero habrá disminuido de nuevo y os habréis visto obligados a economizar en todo otra vez. Cuando la mente es una marioneta gobernada por el dinero, se cansa. Se deja zarandear de un lado para otro y la «fe» generada por un estado de felicidad no tarda en resquebrajarse.

Cuando se tiene «fe», da igual que tengamos o no tengamos dinero, pues no nos dejamos influenciar por él y conseguimos emplear nuestro capital con serenidad, del mejor de los modos. Ser libres del dinero, lo tengamos o no, nos hace felices y nos ofrece una firme base de apoyo. Precisamente porque nuestro ego es en el fondo muy vulnerable, nos hacemos los bravucones para proteger nuestra debilidad y el dinero se convierte en una armadura para nosotros. Si actuamos con sensatez, no necesitaremos armadura alguna y utilizaremos el dinero exclusivamente como lo que es: un medio.

El «lujo» de la alimentación

Volvamos a hablar de cómo uso el dinero en la vida cotidiana, esta vez en lo referente a la alimentación.

Cuando puedo elegir, compro verduras ecológicas y las cocino yo mismo, pero si me preguntáis si es realmente necesario, debéis saber que esa costumbre podría clasificarse como «lujo». En mi caso, dado que no tengo muchos gastos y no despilfarro el dinero, prefiero alimentarme con verduras y productos algo más caros.

Compro las calabazas, las zanahorias y la bardana en una tienda de productos naturales cuyo dueño conoce a los agricultores que las cultivan. Las hortalizas suelen llegar con la tierra aún pegada. El precio es entre un cincuenta por ciento y un ciento cincuenta por ciento más alto respecto a lo que cuestan las mismas verduras en un supermercado convencional. Por ejemplo, incluso cuando es temporada, las calabazas y similares cuestan mil yenes la unidad. Dado que tres zanahorias cuestan trescientos yenes, no me parece que la cosa cambie mucho.

El *miso* y la salsa de soja que utilizo también son decididamente más caros que los que se pueden comprar en el supermercado. Por ejemplo, un bote de quinientos mililitros de salsa de soja oscila entre los mil y los mil quinientos yenes. La salsa de soja debe fermentar por un periodo mínimo, que va de uno a tres años. Hoy en día se produce en uno o dos meses y se manipula químicamente la temperatura, por lo que no puede decirse que se trate de un producto fermentado. No es más que un condimento. Por eso, si lo que buscáis es un producto elaborado según el tradicional método japonés, lógicamente os costará por lo menos dos o tres veces más, puede que hasta cinco o seis.

También la producción de *miso* según el método tradicional requiere tiempo: nos guste o no, es un alimento bastante caro, pues un kilo cuesta cerca de mil cuatrocientos yenes.

Si la salsa de soja y el *miso* se consideran caros, el coste de un solo uso se sitúa en torno a los treinta yenes. Las mismas personas que consideran excesivo gastarse mil cuatrocientos o mil quinientos yenes en esos alimentos, son capaces de gastarse dos mil en una comida, o de derrochar el dinero para divertirse. Lo importante es que no nos entre la duda de si un producto es mucho más caro que la media o mucho más barato.

Si incluyo las verduras, la salsa de soja y el *miso*, más el arroz y los condimentos como el azúcar de caña integral, etc., lo que me gasto en comida se sitúa entre un mínimo de quince mil yenes y un máximo de veinticinco mil. Y eso teniendo en cuenta que sigo una alimentación vegetariana: si comiese carne y pescado, gastaría más. Si no sois vegetarianos y vivís solos, os aconsejo que comáis fuera de casa, donde tenéis muchas más posibilidades de comer carne y pescado, y que reservéis la alimentación vegetariana para las comidas que preparáis en casa.

Aunque no sea estrictamente necesario, ese sistema ofrece también la ventaja de que no ensuciaréis los otros utensilios de cocina, como tablas de cortar y similares.

Elegir utensilios y baterías de cocina que duran toda la vida pensando en su utilidad práctica

El próximo punto son los utensilios y la batería de cocina, tema que abordaré basándome en su utilidad. En primer lugar y antes de fijarnos en su aspecto, observemos de qué material están hechos. Hay materiales para todos los gustos: acero, aluminio, cerámica y porcelana, cristal, materiales esmaltados, etc. Las ollas esmaltadas, por ejemplo, son excelentes para usar en la mesa, pero también como recipientes donde se pueden dejar fermentar los *tsukemono*. Hay que evitar, sin embargo, llenarlas de agua y ponerlas al fuego, porque al cabo de cierto tiempo el cobre se funde. Se dice que el uso del aluminio está relacionado con la aparición de la enfermedad de Alzheimer, por lo que también es un material que conviene evitar.

Yo utilizo pesadas ollas de acero inoxidable y también otras de acero con un revestimiento especial de vidrio reforzado, de la marca alemana Silit. Estas últimas son bastantes caras, es cierto, pero os las aconsejo. Por mucho que sea inoxidable, el metal desprende partículas, aunque sea en una cantidad mínima, y su influencia se percibe un poco en el sabor. El vidrio, en cambio, no deja ningún resto. Luego están las cazuelas de terracota, que uso para cocer el arroz.

En cuanto a los platos, también los elijo basándome en el material del que están hechos. Si compráis los que cuestan cien yenes la unidad, debéis saber que se trata de objetos lacados con tintes tóxicos que, día tras día, terminan en la comida. Una vez probé a utilizar un cuenco lacado, de los que se tratan con uretano, y la comida tenía un sabor extraño. Lo mismo ocurre con los palillos.

Precisamente porque los precios de los platos y de las ollas oscilan de los cien yenes a las decenas de miles de yenes y, según los casos, hasta varios millones de yenes, podría ocurrir que no fuerais capaces de distinguir dónde termina la necesidad y dónde empieza el deseo.

La manera más sencilla de comprenderlo es que os preguntéis si tenéis pensado utilizar poco un determinado objeto, o sustituirlo por otro en breve; o si lo compráis con la intención de usarlo a menudo y durante mucho tiempo.

Si ese es el caso, elegid materiales que combinen la calidad con un excelente diseño. Una vez que hayáis adquirido batería de cocina y utensilios con la intención de utilizarlos durante mucho tiempo, haced un buen uso de ellos y os durarán de verdad toda la vida. Si os lo planteáis de esta manera, no os parecerá una compra onerosa por alto que sea el precio.

No aumentéis la cantidad de ropa

Cuando se trata de prendas de vestir, no soy el mejor ejemplo, ya que por regla general me basta con las vestiduras talares.

Sin embargo, y en el caso de que me interesara la ropa, también podría encontrar vestiduras de ese tipo al precio de tres millones de yenes. Puesto que saben que los monjes son ricos, las tiendas especializadas en hábitos monásticos esperan sacarles el dinero y para ello venden muchas prendas caras y vistosas, como las túnicas entretejidas con hilos de oro.

Antiguamente, la indumentaria de los monjes se definía como «vestidura de almizcle» y llegaba a ensuciarse tanto que para confeccionar los hábitos se utilizaban telas de color negro. De ese modo, no se notaba tanto cuando estaban sucias. La seda, lógicamente, no era adecuada para esa finalidad, por lo que al principio se usaba el algodón. Tras la «aristocratización» de los monjes, la seda se convirtió en la elección natural.

Existen tejidos producidos químicamente que imitan el tacto de la seda sobre la piel. En realidad, aparte de que son muy poco transpirables y se electrizan, no proporcionan una sensación agradable.

Por eso, y porque lo que me interesa es que sean prácticas, suelo elegir túnicas de algodón cien por cien e intento que la cantidad de vestiduras talares que poseo no aumente nunca.

En los casos en los que no tengo forma de evitarlo, elijo hábitos de seda. En contra de lo que se pueda pensar, es muy difícil encontrar vestiduras talares de algodón cien por cien, pues en el mercado solo se encuentran de seda y de fibras sintéticas. Por eso, encargo a una tienda de confianza, dedicada a las vestiduras talares, hábitos de algodón cien por cien. Por mucho que me los hagan a medida, me cobran alrededor de dieciocho mil yenes, cosa que les agradezco muchísimo.

En lo que respecta a los accesorios, como el calzado, utilizo las *geta* y, en lugar de usar una bolsa, llevo mis cosas en un *furoshiki*. Tengo seis o siete *tenugui* que utilizo cuando voy al *sentō*. Puesto que llevo el pelo rapado, me basta con un *tenugui* para secarme. Y, en vista de que los *tenugui* se secan muy rápido, resultan más prácticos que las toallas tradicionales. Cuando salgo a comer al parque, por ejemplo, los uso para envolver los *omusubi* que preparo. De ese modo, evito tener que utilizar una bolsa.

En realidad, tendría más que suficiente con dos *tenugui*, pero últimamente se fabrican muchos con diseños simpáticos y la gente me los regala. Por lo que respecta a la necesidad, probablemente ya he entrado en la esfera de lo que, en cierta manera, significa darse un capricho.

Incienso y teléfono móvil: ¿hasta qué punto son necesarios?

Luego están los palitos de incienso que encendemos todos los días (si no lo hiciéramos, tampoco cambiaría nada). Los hay que cuestan poco y los hay más bien caros: los que uso yo se encuentran más o menos a medio camino entre unos y otros. Una caja me cuesta cerca de tres mil quinientos yenes. Como en el caso de las telas, los más baratos contienen compuestos químicos artificiales y, por ese motivo, conviene evitarlos. De entre los inciensos naturales, los que se obtienen mezclando las fragancias de sándalo blanco y *jinko* son los más económicos: una caja cuesta en torno a los mil quinientos yenes. Los más caros, en cambio, son los de *kyara*, que cuestan entre cincuenta mil y cien mil yenes.

Si tuviera que redactar una lista, más o menos sería la que acabo de mencionar. Al elaborarla, sin embargo, me he dado cuenta de que son poquísimas las cosas en las que de verdad es necesario gastar. Si tuviera que añadir algún objeto más, sería el teléfono móvil. El que utilizo es ya muy viejo y la batería no me dura ni medio día. *(He dudado bastante sobre el hecho de que tenerlo sea realmente indispensable pero, como ya he escrito en la introducción, mientras procedía a la segunda revisión de este libro el móvil se me estropeó y tuve la oportunidad de darme cuenta de que vivir sin móvil no me suponía ningún problema. Basándome en ello, di de baja mi contrato con una compañía de telefonía y el resultado fue una enorme sensación de alivio).*

El móvil ocupa un lugar fijo en el consumo de los jóvenes de hoy en día: es frecuente oír, por ejemplo, el caso de personas cuyos ingresos mensuales netos se sitúan en los cien mil yenes y que, a pesar de que apenas pueden pagarse el alquiler, gastan muchísimo en telefonía.

Todos conocemos el sufrimiento que provoca la soledad y, para aliviarlo, despilfarramos tiempo y dinero en llamadas y mensajes. Compramos el egoísta estímulo de «sentir que valemos algo porque estamos en contacto con otras personas».

También en ese ámbito, buscando un equilibrio justo entre nuestras entradas y nuestras salidas, tenemos que decidir dónde termina la «necesidad» y dónde empieza el «deseo».

Los motivos para ir en bicicleta

Y, finalmente, ya hemos llegado a los medios de transporte. Por lo que a mí respecta, y dado que desde mi casa puedo ir pedaleando hasta Shinjuku o Kichijōji en menos de una hora, por lo general me desplazo en bicicleta. Dentro de lo posible, intento evitar los desplazamientos en tren.

Cuando me resulta imposible no gastar dinero, lo hago sin problemas, pero prefiero hacer las cosas con mis propias fuerzas, si puedo elegir. De ese modo, me siento más orgulloso de mí mismo. Esos son mis principios fundamentales.

El lado más sórdido del dinero es que a veces nos hace creer que, sin él, no podemos hacer determinadas cosas. Es más: que si no tuviéramos dinero, no conseguiríamos hacer nada ni inventar ninguna forma de pasar el tiempo.

En cambio, podemos divertirnos independientemente del dinero. Seguro que estáis cerca de zonas de cuyos parajes naturales podéis disfrutar y, por otro lado, también las ciudades poseen espléndidos jardines públicos pagados con el dinero de los contribuyentes. Visitar alguno de esos lugares y charlar con los amigos, llevando la comida de casa, es una actividad más que placentera. Y la sensación más agradable de todas es la de no ser esclavos del dinero.

A estas alturas, ya habréis entendido que este libro no pretende animaros a vivir sin usar el dinero como hacen los ermitaños, sino que os aconseja cómo divertiros, comer y desplazaros bajo el lema de que también se puede vivir sin dinero.

Los daños
que causa la avaricia

En el apartado anterior hemos hablado de lo desagradable que es la sensación de valer poco porque no podemos comprarnos algo que deseamos y de cómo, para evitar esa sensación, escondemos nuestro deseo y negamos su existencia, provocando así molestias a nuestra personalidad. Lo mismo puede aplicarse en lo que respecta al dinero: en la actual situación de crisis económica, son cada vez más las personas que querrían disponer de dinero, aunque finjan lo contrario por orgullo.

«Pobre pero honrado.» «El valor de una persona no viene dado por el dinero.» «Los ricos son mala gente.» «Disfrutemos de nuestra pobreza.» La multiplicación de mensajes de ese estilo es claramente preocupante. Tal vez debería pedir perdón a las personas que han comprado este libro pensando en algo de ese tipo, pero creo que lo imperdonable es lanzar mensajes que guiñan el ojo a las personas que se mienten a sí mismas por orgullo, les hacen gastarse dinero para leerlos y, de ese modo, las empobrecen aún más.

La avaricia del alma conduce a la infelicidad

Quienes sostienen que no necesitan dinero, que se sienten ricos aunque no tengan ni un céntimo y, en cambio, desean el dinero, están adoptando una actitud de avaricia.

En otras palabras, como ya hemos visto, esas personas empiezan a comportarse como si fuesen pobres. Su vida pasa a ser desdichada y mezquina. Si de verdad fueran sinceros cuando dicen que no les causaría ningún problema el hecho de no tener ni un céntimo, no les haría falta comportarse como avaros. En ciertos casos, quienes se comportan de ese modo desdichado y mezquino son los pobres; en otros, son los ricos. La infelicidad que experimentan, sin embargo, es la misma en ambos casos. Y esas personas, además de estar descontentas, generan a su alrededor una atmósfera desagradable.

Yo creo que uno de los mayores daños que provoca el dinero es precisamente esa actitud avara.

En realidad, un uso del dinero que da prioridad a satisfacer las necesidades y no los deseos que surgen de nuestra codicia tiene también la ventaja de protegernos de la contaminación de la mente causada por la avaricia. Respecto al tenor de vida del japonés medio, no puedo negar que llevo una existencia extremadamente pobre, pero en lo que respecta a mis objetos de escritura, mi mesa, mi comida y los utensilios que utilizo para prepararla y servirla, no soy en absoluto avaro. Es más, gasto mucho. Si decidimos utilizar el dinero solo para las cosas necesarias, podremos permitirnos hacerlo de una forma natural.

Si no tenemos posibilidades económicas, cuando vamos al supermercado estamos obligados a elegir entre setas *shiitake* de cien yenes cultivadas en China y setas *shiitake* de trescientos yenes cultivadas en Iwate. Aunque pensemos que son mejores las de Iwate, finalmente decidimos comprar las cultivadas en China para ahorrar

un poco. Eso no significa necesariamente que los productos cultivados en China no sean buenos, pero la rabia y la sensación de infelicidad que experimentamos
en ese momento nos hacen infelices. Y eso no puede ni
debe suceder.

Cómo vivir sin contar con el dinero

Todos debemos perseguir el objetivo de poder vivir felices, con o sin dinero.

Para conseguirlo, como ya he escrito en las páginas
introductorias de este libro, creo que es suficiente con
experimentarlo una vez. Empezad simplemente por
pasar un día entero gastando lo menos posible. Conseguiréis pasar una alegre jornada y os sentiréis libres del
dinero. Intentad reducir vuestras posesiones, contened
vuestros impulsos consumistas y decidid que os gasta-
réis el dinero solo en cosas necesarias. Cuando os deis
cuenta de que os sentís mucho más felices de esa forma, habréis comprendido a la perfección que la felicidad no va ligada al uso del dinero. Aunque dispongamos
de dinero, debemos ser capaces de vivir nuestra existencia sin contar con él. Nuestra vida no debe caracterizarse por una «pobreza indigente», sino que se merece
ser definida como una «pobreza decorosa».

Lo que realmente buscan las personas es la libertad de
hacer lo que quieren. El sufrimiento consiste, de hecho,
en no poder hacer lo que se quiere.

La publicidad nos inculca ideas que se alejan de lo
que de verdad pensamos y, de acuerdo con la escala
de valores del capitalismo, si se decide que la salsa de

soja tiene que costar doscientos yenes, eso nos lleva a pensar que los buenos productos son caros. No hay nada más agotador que vivir atrapado en esos pensamientos.

Sin embargo, es un cansancio del que ni siquiera somos conscientes.

Precisamente por ello, después de haberlo experimentado una vez buscaremos la forma de liberarnos.

Comprenderemos que existe otro estilo de vida, muchísimo más satisfactorio porque nos hace libres.

Con eso no quiero decir que debáis comprar forzosamente un bote de salsa de soja que cuesta mil quinientos yenes, sino solo que, si limitáis lo que gastáis en ropa, bolsos, televisores, consolas de videojuegos, CD y DVD caros, comprar un bote de soja o de *miso* al precio de mil quinientos yenes no os supondrá ningún problema económico.

Aun así, y como premisa necesaria para triunfar en este empeño, es necesario haber comprendido los mecanismos fundamentales que regulan la felicidad y el deseo, de los cuales he hablado en el capítulo anterior. Es decir, darse cuenta de que *aumentar los estímulos no tiene nada que ver con la felicidad*. A medida que vayáis asimilando ese principio, comprenderéis que *la felicidad se basa en limitar los deseos*.

Por consiguiente, dejad de comportaros con tacañería en lo que respecta a las cosas importantes cuando el deseo os impulsa a querer comprar otras cosas. Y, de ese modo, también dejaréis de comportaros como si fuerais pobres.

En lo que respecta a las cosas necesarias, experimentaréis el orgullo de comprar productos de primera calidad.

Aunque este libro se presente como una «introducción a la pobreza», no significa que lo sea en un sentido literal, es decir, una exhortación a volverse pobre. Si dejáis de consumir impulsados por el deseo, satisfaréis vuestras necesidades y elegiréis comprar productos de calidad, en los cuales invertiréis vuestro dinero. Y aunque os sobre el dinero, debéis reducir vuestros haberes, disminuir el consumo impuesto por el deseo y, sin perder de vista lo que es realmente necesario, vivir libres del control del dinero.

Vuestra vida dejará de caracterizarse por la dependencia del dinero y se convertirá en una existencia que no se basa en él.

Es inevitable que, de entrada, os parezca una vida de pobreza, pero con una gran diferencia: la felicidad.

Si gastáis menos, podréis ahorrar algo e, irónicamente, vuestra disponibilidad económica aumentará.

Cómo usar el dinero para ser aún más felices

Para concluir, ilustraré una última forma de utilizar el dinero para ser felices: gastarlo en los demás. Compráis las cosas que deseáis, más y más cada vez, hasta que os dais cuenta de que es inútil. Entonces dejáis de gastar y, por tanto, ahorráis dinero y lo vais acumulando. Llegados a ese punto, se os ocurre gastarlo en los demás o en obras benéficas.

«Corresponder» y «tirar»

Por lo general, lo que entendemos por «gastar el dinero en alguien» no es más que una forma de *corresponder*.

Dicho de otra forma, pagamos una cierta suma y la cambiamos por un bien o servicio.

- Ofrecemos ese bien o servicio a alguien.
- Por consiguiente, ese alguien gasta dinero y adquiere, más o menos por la misma suma de dinero, un bien o servicio.
- Por la misma suma de dinero, nos devuelven un bien o servicio distinto.

En la práctica, se trata de una actividad consumista que no habría resultado muy distinta si ya desde el principio hubiésemos comprado con nuestro dinero lo que, a la postre, hemos recibido de la otra persona.

Obviamente, si lo hubiésemos comprado nosotros

mismos habríamos obtenido algo que deseábamos y, con toda probabilidad, no habríamos disfrutado de la diversión –presente, en cambio, cuando se «corresponde»– de recibir algo inesperado que se sitúa, más o menos, en la misma franja de precios. En el fondo, sin embargo, no se trata más que de otra forma de consumismo.

En el extremo opuesto de ese intercambio se encuentra lo que llamamos *oferta*.

Al principio de este libro he hablado de «reducir lo que poseemos», pero en el budismo, se considera que tirar el dinero acumulado es la actitud más digna de respeto para reforzar el yo que afirma «este dinero es mío, este dinero también es mío». Desde el momento en que no se trata de «corresponder», sino de «tirar», no se puede contar con que se nos devuelva algo como por arte de magia, como sucede con el «intercambio». Y es precisamente ese aspecto el que nos hace sentir bien.

En una época como la actual, tirar el dinero o las cosas que poseemos puede acarrearnos problemas y nos arriesgamos incluso a la autodestrucción; por eso, hay que limitarse a tirar lo que se puede tirar. Aunque solo eliminemos una parte de lo que poseemos, suavizaremos la rigidez de nuestro yo y calmaremos nuestras emociones.

No obtener placer haciendo regalos

En el caso del dinero, no es posible tirarlo en el sentido más literal del término: se pueden hacer, en cambio, «donaciones».

Hacer una donación es una forma de «tirar el dinero» que nos hace felices, pero... ¿no estáis de acuerdo en que hacer un regalo a parientes, amigos o conocidos es una forma de «usar el dinero para los demás» que nos resulta más conocida?

Antes he escrito que, a fin de cuentas, un regalo no es más que un «intercambio» que produce infelicidad; según como se interprete, también puede convertirse en una forma de «tirar el dinero» que nos hace felices.

Pongamos que vamos a comprar un regalo. De repente vemos algo, pensamos que nos puede servir y el mecanismo que nos hace infelices se pone en marcha en el preciso instante en que vemos la etiqueta del precio.

Experimentamos dolor tanto cuando pensamos que algo cuesta muy poco (lo cual nos hace quedar mal) como cuando pensamos que cuesta demasiado (lo cual nos hace salir perdiendo). También nos incomoda el pensar que algo cuesta demasiado y que quien reciba ese regalo puede sentirse violento, pero este último caso es algo menos doloroso por el simple hecho de que pensamos en los sentimientos de la otra persona.

Por ejemplo, cuando hemos quedado con nuestra media naranja es normal que nos apetezca llevarle un regalo, aunque solo sea una manzana. En ese punto, sin embargo, empezamos a pensar que no queremos dar la sensación de estar adulando a esa persona; o bien que, comparado con lo que esa persona nos da, hacer un regalo sería excesivo. Así, la sensación inicial de felicidad espontánea desaparece completamente. En relación con los regalos, más que el hecho de ser avaros lo que nos causa sufrimiento es el temor de que pueda romperse el equilibrio de poder con respecto a la otra persona.

Resumiendo, que no os aconsejo hacer regalos caros con el objetivo de «conquistar» al otro sexo. No solo porque sería un gesto ofensivo, como si quisierais «comprar» a la otra persona, sino también porque tendréis la sensación de haber seducido a la otra persona solo gracias a un regalo caro.

Ahora os voy a contar la historia de cuando fui a comprarle un regalo de cumpleaños a la chica con la que estuve saliendo un tiempo. Había decidido regalarle un piano de juguete y fuimos juntos a comprarlo. En la tienda tenían uno rojo que costaba veinticinco mil yenes y otro negro que costaba treinta mil yenes. Mi primera intuición fue que le pegaba más el piano rojo, pero al parecer a ella le gustaba más el de treinta mil yenes. Dado que, a fin de cuentas, el regalo debía hacerla feliz a ella, mi objetivo tendría que haber sido el de comprarle lo que le gustase. Y, sin embargo, finalmente le compré el piano rojo que costaba veinticinco mil yenes.

No tengo la menor duda de que en aquella ocasión me comporté como un roñoso. Sería comprensible que hubiese dudado entre un piano de diez mil y otro de treinta mil, pero la diferencia era solo de cinco mil yenes. Por dentro, no dejaba de pensar que el hecho de que ella deseara el objeto más caro era de muy mal gusto. Pensaba que aquella chica no tendría que haberme dado a entender que le gustaba el más caro, dado que pagaba yo.

Finalmente, y después de haberme gastado veinticinco mil yenes en un regalo, me puse de muy mal humor y no me sentí nada feliz.

El placer de emplear el dinero en los demás

¿Por qué el hecho de hacer un regalo tendría que permitirnos saborear el placer de emplear el dinero en los demás?

Una de las reglas que he establecido y puesto en práctica –tras las desagradables experiencias que he tenido en el pasado– es aquella según la cual hay que elegir sin dejarse condicionar por el precio.

Siempre que el objeto en cuestión se encuentre dentro de una franja no excesiva de precios, lo elijo sin vacilar. Y esto también se relaciona con la «fe» budista, con ese no dudar del que he hablado anteriormente.

Cuando vemos un artículo que nos gusta, lo primero que hacemos es comprobar el precio. Tenemos que quitarnos esa costumbre y limitarnos a comprobar el precio solo por puro formulismo en el momento de la decisión final. Nuestro comportamiento será determinante para nuestra sensación de felicidad. Entre las cosas que elijo no hay muchas que sean excesivamente caras y, aun así, en cuanto me distraigo vuelve a presentarse ese vicio de preguntarme si algo cuesta poco o mucho. Así pues, la compro igualmente. La primera vez que consigáis comprar algo rechazando en vuestro interior esa voz que se inmiscuye y os obstaculiza, descubriréis la agradable sensación de haber conseguido el autocontrol.

El aspecto positivo de este método es que conseguiréis vuestro objetivo sin preocuparos por el precio. Ya no será cuestión de precio, sino de regalar a alguien algo que sin duda le gustará. Y eso os producirá un gran alivio.

En otras palabras, los regalos no se «intercambian», sino que hay que hacerlos con la disposición de ánimo que mostraríamos si estuviésemos «tirando» algo.

Y así es como podemos utilizar nuestro dinero de una forma que nos haga felices.

Conclusión
La posibilidad de una «revolución»

Más de sesenta años después de la posguerra, Japón se ha convertido en un país muy rico. También he oído decir que, más o menos hasta mediados de los setenta, una vida de pobreza como la que yo llevo y que os he descrito, era algo absolutamente habitual para las personas que disfrutaban de su juventud. Hoy en día, en cambio, hasta en los apartamentos para estudiantes hay calefacción y aire acondicionado, además de inodoro con bidé integrado en el cuarto de baño. Sin embargo, eso no significa que las personas sean más felices. Es más, últimamente se dice que, en comparación con los tiempos de antes, la gente es menos feliz.

Los japoneses nos hemos puesto manos a la obra, convencidos de que esa infelicidad era el resultado de la falta de dinero y del hecho de que no podíamos comprar y poseer tantas cosas como los estadounidenses. Creíamos que si nos esforzábamos y conseguíamos obtenerlas, seríamos mucho más felices.

En realidad, y a medida que nos íbamos enriqueciendo, hemos experimentado mil veces el mecanismo «dolor → placer» y, si bien se trataba de una ilusión, siempre nos hemos sentido felices. (De las tres formas de relacionarse con el deseo descritas en la página 74 de este texto, la nuestra es la primera).

Ahora que nuestro tenor de vida es parecido al de los estadounidenses, cada vez son más las personas que solicitan la ayuda de psicoterapeutas y de especialistas en medicina psicosomática. La lección más importante que he conseguido aprender hasta ahora es que, una vez obtenidas las cosas que tendrían que habernos hecho felices, en realidad nos hemos vuelto bastante infelices. Como ya hemos visto cuando describía el mecanismo que regula el deseo, el continuo bombardeo de estímulos conduce a la infelicidad. Pero creo que, precisamente por ello, los japoneses disponemos ahora de una posibilidad.

Y es así porque, en Japón, hay personas que a lo largo de su existencia han vivido el momento más crítico de la posguerra, el punto álgido de la burbuja económica y la actual crisis económica. Como ya he escrito, la vida de pobreza que llevo no era algo tan inusual hace tan solo treinta años: las personas nacidas antes de mediados de los cincuenta vivían más o menos en las mismas condiciones que yo.

Desde un punto de vista histórico, es un fenómeno muy extraño. Mientras que los habitantes de los países emergentes –China, muy especialmente– aún viven esperanzados, los japoneses tenemos la posibilidad, nunca antes experimentada, de abandonar rápidamente esas fantasías y reorganizar nuestra escala de valores.

Es decir, que lo importante de formar parte de una «economía rica» es la posibilidad que tenemos de darnos cuenta de que, en realidad, el dinero no nos hace felices.

• • •

Si tuviera que justificar por qué he llegado a una conclusión así, diría que es porque tengo la sensación de que el budismo nace de una situación parecida, es decir, de la infelicidad que experimentaba alguien que poseía todo lo que podía desear.

A quien conocemos como Buda siempre tuvo la oportunidad de satisfacer todos sus deseos porque, como sabéis, era un príncipe de la familia Śākya. En ese sentido, es distinto a los fundadores de las otras religiones: tanto Jesucristo como Mahoma procedían de una clase social humilde, subordinada y, en cierto modo, descontenta. Dicho de otra forma: en la base de esas religiones yacía un resentimiento y una crítica hacia las clases dominantes. Por eso, también su historia se inicia con una hostilidad hacia una nación y la persecución de sus súbditos. Además, la que ambicionan los creyentes de esas religiones es una felicidad que no se puede obtener en este mundo, sino que hay que alcanzar el paraíso, donde se puede obtener todo lo que se desea.

Para abreviar, estamos hablando de deseo.

Lo que ha hecho que los pueblos buscasen esas religiones, en definitiva, es el anhelo de obtener lo que no se puede hacer realidad en este mundo.

En ese sentido, lo que dice el Buda es que cuando se anulan los deseos mundanos, se obtiene la paz. Y en eso consiste el nirvana. En superar el deseo.

Por eso, y en comparación con el budismo, las demás religiones aspiran a una simple extensión de las cuestiones mundanas. En ese sentido, mi opinión es que el budismo no es una religión, sino que trasciende las cuestiones mundanas, religión incluida.

En el budismo, algo así ha sido posible porque lógicamente el Buda, en su condición de príncipe, ya había satisfecho casi todos sus deseos a los veintinueve años de edad. Y, precisamente por ello, había comprendido y asimilado que por mucho que siguiera haciendo realidad sus deseos, nunca alcanzaría la felicidad. El método de ejercitación mental que inventó mientras se encontraba en aquella situación se convirtió en el budismo. Y por eso, a diferencia de otras religiones, el budismo experimentó una expansión única en su género, mientras la jerarquía de los monjes gozaba de la protección de hombres de rango elevado como el soberano del entonces gran reino de Kosala o el rey de Magadha.

Si repasamos la historia, se puede decir que el budismo nació como un pasatiempo para los ricos y, en ese sentido, hay quien no lo aprecia. Pero, precisamente por ese motivo, se beneficiaba de una comodidad económica que le permitió no tener que esclavizar ni utilizar a las personas, ni tener que convertirlas a la fuerza para aumentar su poder.

Los habitantes de más de la mitad de los países del mundo viven actualmente en una situación de pobreza. Cuando uno vive en una situación de pobreza, termina por pensar de forma temeraria. Terminamos por creer que su infelicidad deriva del hecho de ser pobre. Y seguimos regodeándonos en esa fantasía hasta que experimentamos la riqueza. Después de haber experimentado la riqueza, empezaremos a comprender que tampoco nos hace felices, que la pobreza no era la causa de nuestra infelicidad. Nos damos cuenta, en cambio, de que son los mecanismos del deseo implícitos en nuestra mente los que manipulan en la sombra nuestra infelicidad. Exactamente como hacemos hoy en día en Japón. Y precisamente por eso he dicho que tenemos una posibilidad. Con eso pretendo aclarar que, justo porque se trata de una situación crítica que se ha presentado después de una fase de riqueza, se nos ofrece la oportunidad sin precedentes de invertir las cosas, de desenmascarar los mecanismos que regulan el deseo y superarlos.

● ● ●

Y sin embargo, ahora que ya no se puede decir que Japón sea rico, parece que se está afianzando la ilusión de que «nuestra infelicidad deriva de la falta de dinero y de que si lo recuperamos, seremos sin duda felices». Asustados por la crisis, si nos dedicamos a ahorrar en todo y nos dejamos dominar por el apego al dinero, nos vemos obligados una vez más a regresar a la ilusión del deseo y acabamos por desaprovechar esa maravillosa oportunidad.

Esa forma de autoengaño que nos estimula en exceso y nos toma el pelo, produce una gran cantidad de cosas que no son realmente necesarias y no cambia en absoluto el modelo social tradicional que amplifica el ruido de fondo, en particular el mecanismo según el cual «imaginando el placer aumenta el dolor».

Si rechazamos esa clase de ilusión, bajaremos el volumen de ese ruido de fondo de los deseos que tanto nos hace sufrir. Luego, poco a poco, nos liberaremos del hechizo del dinero y nos encontraremos en situación de hacer un uso de él que se ajuste a los «preceptos de pobreza» ilustrados en este libro. Si detenéis los efectos del dinero que os estimulan virtualmente a «salir a conquistar el mundo», que os convencen de que «valéis más si tenéis dinero» y de que «para obtener algo hace falta dinero», la fuerza del dinero desaparecerá.

En eso consiste revolucionar nuestra manera de relacionarnos con el dinero.

Agradecimientos

Yumiko Hoshiva de Discover 21 ha «atrapado la ocasión al vuelo» al pensar que –tal vez– existe la posibilidad de que la actual situación financiera de Japón dé pie a esa «revolución financiera», y al sugerir muy oportunamente la publicación de *Felices sin un Ferrari*. Asumiendo la agotadora tarea de edición y gracias a su arte ha conseguido quela revelación del mecanismo deseo → sufrimiento sea extremadamente fácil de entender. Por ello, le doy las gracias y concluyo con el deseo de que *Felices sin un Ferrari* consiga conducir a los lectores hacia la posibilidad –por pequeña que sea– de una «revolución».

Finales del 2009, Ryūnosuke Koike

Glosario

Adhimāna: término sánscrito que puede traducirse como «orgullo de sentirse superior a quien es nuestro igual».

Anime: dibujos animados japoneses.

Bikkuriman: dibujos animados producidos por Toei Animation y emitidos en Japón entre octubre de 1987 y abril de 1989. La serie se inspiraba en unas galletas comercializadas por la empresa Lotte. En cada paquete venían unos cromos coleccionables que se usaban en un juego en el cual los niños se los pegaban en la cabeza.

Burbuja especulativa japonesa: periodo de la economía japonesa que va de 1986 a 1991, caracterizado por un índice de crecimiento que duplicaba la media occidental y por la conquista de la supremacía en todos los sectores industriales punteros, hasta llegar a una renta per cápita superior a la de Estados Unidos. Se tuvo la sensación de que Japón ya se había convertido en la «primera potencia» mundial.

Daikon: conocido en español como rábano japonés, es un ingrediente fundamental en la cocina nipona. Se suele usar rallado como guarnición, hervido en estofados o sopas de *miso*, y también marinado.

Day trader: operador de bolsa que compra y vende productos financieros en línea y realiza operaciones que se cierran en la misma jornada.

Duhkha: término sánscrito que se refiere a las condiciones de sufrimiento que unen a los seres con capacidad de sentir.

Furoshiki: tela cuadrada, de dimensiones, acabados y materiales diversos, que una vez doblada y anudada, se utiliza para transportar objetos o bien para envolver regalos con un toque de elegancia.

Geta: calzado tradicional japonés que consiste en una suela rectangular de madera (para los hombres) u ovalada (para las mujeres), montada sobre dos dientes, que se sujeta al pie gracias a una tira de tela que se coloca entre el dedo gordo y los otros dedos.

Hikikomori: jóvenes que han decidido retirarse de la vida social y que a menudo alcanzan niveles extremos de aislamiento y reclusión. Viven encerrados en su casa o en su habitación, sin contacto alguno con el exterior, ni con familiares ni con amigos.

Iwate: segunda prefectura japonesa más extensa, después de Hokkaidō. Con cerca de un millón cuatrocientos mil habitantes, está situada en el ángulo nordeste de la región de Tōhoku, en la isla de Honshū, la mayor de Japón. La capital es Morioka y limita con las prefecturas de Akita, Aomori y Shimane.

Izunagaoka: localidad termal situada en la prefectura de Shizuoka, al norte de la península de Izu.

Jinko: conocido también como madera de agar, es una especie de resina que se forma en los árboles de los géneros Aquilaria y Gyrinops cuando presentan un tipo particular de hongo. Muy apreciado en diversas culturas por su característica fragancia, se utiliza para producir incienso y perfumes.

Kaisen Kokushi (Jōki): maestro zen y prior del templo de Erin en la provincia de Kai. Fue quemado vivo en su templo por los ejércitos de Oda Nobunaga durante la invasión de la provincia de Kai.

Karma: adaptación de un término sánscrito que se refiere al fruto de las acciones realizadas por todo ser vivo.

Kichijōji: barrio de la ciudad de Musashino, situada en la parte occidental del conglomerado urbano de Tokio. Votada como la mejor zona para vivir de toda la capital, gracias a la presencia del espléndido parque Inokashira, es un barrio muy querido por los jóvenes debido a su vocación artística y alternativa.

Kinnikuman: personaje de una famosa serie manga creada en 1971, a la cual siguieron dos series de *anime*, una de 1983 a 1986 y otra en 1991. El *anime* se pudo ver en España a través de Canal 33 y Canal 9 a principios de los años 90, con el título de *Musculman*.

Kleśa: término sánscrito que define las aflicciones mentales que enturbian la visión clara de la realidad y la correcta interpretación de las situaciones de la vida, más conocidas como los *Tres venenos* (codicia, odio e ignorancia), de las cuales derivan todas las demás.

Kosala: antiguo reino indio que ya en el siglo VII a.C. constituía uno de los dieciséis poderosos reinos de la India bautizados con el nombre de majayanapadas (*mahajanapadas*). Kosala se ganó el estatus de gran potencia por su poder político y su prestigio cultural, hasta que después de una serie de guerras con el vecino reino de Magadha, en el siglo IV a.C., fue absorbido por este último.

Kyara: tipo específico de madera de agar (los fabricantes japoneses de incienso subdividen la madera de agar en seis categorías, según sus propiedades y la región de procedencia) muy apreciado, que en estos momentos vale más de su peso en oro.

Magadha: antiguo reino indio que ya en el siglo VII a.C. constituía uno de los dieciséis poderosos reinos de la India bautizados con el nombre de majayanapadas (*mahajanapadas*). Gracias a una serie de hábiles soberanos, consiguió despuntar y convertirse en una potencia hegemónica. Fue aquí donde, en el siglo VI o V a.C., Siddharta Gautama fundó el budismo, durante el periodo de la dinastía Haryanka.

Manga: cómic japonés.

Machos «herbívoros»: jóvenes japoneses de menos de treinta años, andróginos y claramente poco atraídos por el éxito profesional. Aunque no le hacen ascos a la compañía femenina, no demuestran interés ni por el sexo ni por las relaciones amorosas. Son personas que no salen nunca de casa sin un aspecto impecable y que afirman que su autoestima aumenta cuando se sienten apreciados. Es más, declaran que no comulgan con el sueño de tener un trabajo para toda la vida y que prefieren ganar menos a tener que sacrificarse con unos horarios y un ritmo de trabajo estresantes.

Miso: condimento de origen japonés de sabor fuerte y salado, derivado de la soja amarilla, al cual se añaden a menudo otros cereales, como cebada, arroz, centeno, alforfón o mijo. Las semillas de soja, cocidas después de haber estado en remojo, fermentan gracias a un tipo especial de hongo capaz de descomponer los almidones de los cereales y transformarlos en azúcares simples. En el procedimiento tradicional, se lleva a cabo una larga fermentación en agua salada, que dura de dieciocho a veinticuatro meses. Industrialmente, en cambio, la fermentación se reduce a unas pocas horas, lo que hace necesaria la pasteurización y, a veces, la incorporación de aditivos para estabilizar el compuesto.

Nirvana: término sánscrito para indicar un estado perfecto de paz y felicidad, cumbre de la vida ascética, que consiste en la extinción de los deseos, de las pasiones y de las ilusiones de los sentidos. En definitiva, en el aislamiento de la propia individualidad.

Nukadoko: lecho de salvado de arroz, sal, algas *kombu* y agua, en el cual se ponen a marinar las verduras.

Nukazuke: verduras fermentadas en el *nukadoko*.

Sentō: baños públicos de las ciudades, nacidos para paliar la ausencia de bañera en las casas tradicionales japonesas.

Shiitake: segundo hongo comestible más consumido en el mundo. Es de origen asiático y se cultiva sobre todo en Japón, donde se sirve en la sopa de *miso*, se usa como base para el *dashi* (caldo) vegetariano y también como ingrediente principal en muchos platos.

Shinjuku: una de las veintitrés municipalidades de Tokio. Es un importante nudo de transporte urbano, por el que pasan a diario alrededor de tres millones seiscientas mil personas. También es sede de la Universidad Waseda, de la Universidad Tokio Fuji, del equipo de béisbol Yakult Swallows y de un cuartel de las Fuerzas de Autodefensa de Japón. Además, alberga una enorme concentración de grandes almacenes, cines, hoteles, bares, etc.

Shōwa: periodo más largo de la historia japonesa, comprendido ente el 25 de diciembre de 1926 y el 7 de enero de 1989, las dos fechas que marcan el reinado del emperador Hiro-Hito.

Sūtra: término sánscrito que en el budismo se refiere a los textos sagrados que forman parte del canon de la escuela budista de referencia.

Śraddhā: término sánscrito para referirse a la fe.

Takeda Shingen: célebre *daimyō* japonés, señor de la provincia de Kai en el periodo Sengoku tardío, cuyas gestas se narran en el *Kōyō Gunkan*.

Tatami: suelo tradicional japonés compuesto por esterillas de paja de arroz prensada, recubiertas de junco y adornadas por una ancha cenefa de lino negro o algodón. Cada panel tiene unas dimensiones de 90x180 cm y sirve de unidad de medida para calcular las dimensiones de una habitación.

Tenugui: toalla tradicional japonesa de pequeñas dimensiones, hecha de algodón estampado.

Tres venenos: las pasiones que envenenan la mente, crean las condiciones para la aparición del dolor (*duhkha*), afligen al individuo y lo encierran en el *samsara*. Estas aflicciones son la codicia, el odio y la ignorancia, presentes en el centro de la rueda de la existencia y representadas por tres animales que se muerden la cola el uno al otro: el gallo, la serpiente y el cerdo.

Tsukemono: encurtido típico de la cocina japonesa.

Ūnamāna: término sánscrito que podría traducirse como «orgullo de no sentirse demasiado inferior a quien es claramente superior».

Wasabi: pasta de color verde y de sabor especialmente picante que se obtiene del rizoma de la planta de origen japonés conocida con el mismo nombre. Se utiliza mucho en la cocina nipona como condimento.

Yamaimo: también llamado ñame japonés, es un tubérculo rico en almidón. En la cocina japonesa suele consumirse crudo.

Yamaguchi: prefectura japonesa con un millón y medio de habitantes, situada en el sector más occidental de Honshū, la mayor isla de Japón. La capital es la ciudad homónima de Yamaguchi; limita con las prefecturas de Shimane e Hiroshima.

Vicikitsa: término sánscrito para referirse a la duda o la indecisión.

Yen: para respetar al máximo el texto original en japonés, se ha preferido mantener en la moneda original las cifras que cita el autor. Tenga en cuenta que 1000 yenes equivalen aproximadamente a 7,50 euros.

Zazen: meditación que se realiza en la posición del loto o medio loto. Se centra en la postura y en la respiración pausada, aspectos en los que se hace hincapié.

Esta primera edición de *Felices sin un Ferrari* de
Ryūnosuke Koike se terminó de imprimir en *Grafica
Veneta S.p.A. di Trebaseleghe* (PD) de Italia en enero
de 2015. Para la composición del texto se ha utilizado la tipografía Omnes.

Este libro está impreso con el sol. La energía que
ha hecho posible su impresión procede exclusivamente de paneles solares. *Grafica Veneta* es la primera imprenta en el mundo que no utiliza carbón.

LOS MANUALES DEL MONJE JAPONÉS QUE HAN CONQUISTADO OCCIDENTE:

Keisuke Matsumoto nos enseña a descubrir el mundo con los ojos del alma.

MANUAL DE LIMPIEZA
DE UN MONJE BUDISTA

MANUAL DE UN MONJE
BUDISTA PARA LIBERARSE
DEL RUIDO DEL MUNDO

«Las palabras de Keisuke Matsumoto deslumbran.
Será por la calma zen que transmiten sus páginas
o por su brillante lenguaje.» MARIE CLAIRE